Weihnachtsfrühling

yeoTone

Wilfried Rottler

Weihnachtsfrühling

Eine Adventsgeschichte für Erwachsene
und andere Kinder

Mit Illustrationen von Carlos Urban

yeo|one

Bibliografische Information der Deutschen Nationalbibliothek

Die Deutsche Nationalbibliothek verzeichnet diese Publikation in der Deutschen Nationalbibliografie; detaillierte bibliografische Daten sind im Internet über http://dnb.d-nb.de abrufbar.

ISBN 978-3-9811526-5-4 / Best.-Nr. YT 11.003

Herstellung: Books on Demand GmbH, Norderstedt

Das laute Vorlesen abends im Bett ist hingegen ausdrücklich gestattet.

Illustrationen: Carlos Urban *www.carlos-urban.de*

Satz und Layout: Thomas Bierling

Diese Geschichte widme ich meiner Frau Niloofar. Ihr war es nicht zu viel, spät abends, oft nach Mitternacht, mit mir zusammen die Route auszuarbeiten und jeden Morgen dann das neue Kapitel probezulesen. Und selbst mit diesem 'Schlafentzug' hat sie zusammen mit Karl-Wilhelm die ganze Reise durchgestanden.

Inhalt

Das Vorwort ... 9

1 Wie alles begann ... 10

2 An der Raststätte ... 16

3 Einmal im Fernsehen ... 21

4 Das Märchenkind Sheherazade ... 25

5 Der einzigste und wahre Weihnachtsmarkt der Welt ... 31

6 An der französischen Grenze ... 37

7 Als der Nikolaus im Bundestag hart durchgreifen musste ... 45

8 Gabriel erzählt die Weihnachtsgeschichte ... 52

9 Gabriel erzählt diesmal wirklich die Weihnachtsgeschichte ... 60

10 Der Wanderer zwischen den Welten ... 68

11 Gabriels Geschichte ... 73

12 Der Orden der Al-Murabitun ... 79

13 An der Grenze nach Algerien ... 86

14 Bei den Tuareq ... 95

15 Das Buch Gabriel ... 103

16 Nachrichten aus Europa ... 108

17 Ein sehr luxuriöses Nomadenzelt ... 114

18 Die Yalda-Nacht ... 121

19 Eine Horde Rabbiner ... 126

20 Ein Telefonat mit Karl-Wilhelm ... 132

21 Alte Bekannte ... 135

22 Drei arbeitslose Geistliche ... 140

23 Ein Thron mit drei Symbolen ... 144

24 Das Nachwort ... 148

Das Vorwort

Diese kleine Geschichte ist im Dezember 2010 entstanden.

Meistens abends in der Bundesbahn, oder nachts zuhause. Fast passend zum Adventskalender. Ich konnte damals nicht ahnen, wie sehr sich die politischen Verhältnisse in Nordafrika verändern würden. Mir war und ist nur bewusst, dass wir „einfachen" Menschen uns sehr viel gefallen lassen. Prophetische Fähigkeiten sind mir nicht gegeben. Nur eben dieses unterschwellige Unbehagen beim Nachdenken über Gott und die Welt. Und das permanente schlechte Gewissen, wenn ich, wie auch meine geschätzten Leser, abends auf der Couch sitzen und den Hintern nicht hochbekommen, um selbst etwas zu verändern.

1 Wie alles begann

Karl-Wilhelm war jetzt seit fast 40 Jahren Busfahrer bei den städtischen Verkehrsbetrieben. Aber so etwas war ihm noch nie passiert. Letzte Woche im Feierabendverkehr, müde, erkältet und ziemlich genervt, hatte er einen Fahrgast angeschnauzt. Er hatte ihn regelrecht angebrüllt. Der Mann stand mit vielen Taschen und Tüten in der Tür, kam nicht mehr vorwärts oder rückwärts, und Karl-Wilhelm hatte sowieso schon Verspätung. Ohne den Mann richtig anzusehen, hatte er ihn mit den Worten angebrüllt, er solle doch machen, dass er da hinkomme, wo er hergekommen sei. Und dieser hatte geantwortet, dass das gar nicht so einfach ist, er sei aber tatsächlich auf dem Weg nach Hause, und zwar nach Jerusalem.

Über diesen Mann dachte er jetzt schon tagelang nach. Er würde sich gerne bei ihm entschuldigen. Er musste sich bei ihm entschuldigen, dieser Vorfall ließ ihm keine Ruhe. Völlig in seinen Gedanken versunken, riss ihn ein lautes Hupen aus seinen Gedanken. Er stand mit seinem Bus an einer Ampel und sah diese gerade wieder von grün auf rot wechseln. In den letzten Tagen war er völlig unaufmerksam. Die Fahrgäste waren auch schon unruhig.

Er fuhr noch bis zur nächsten Haltestelle, griff zum Mikrofon und teilte seinen Fahrgästen mit, dass hier die Fahrt enden würde, der nächste Bus aber gleich komme.

Er müsse nach Jerusalem fahren, sich entschuldigen. Nach der Durchsage war es im Bus völlig still. Dann standen die ersten langsam auf und verließen den Bus durch die offenen Türen. Niemand sagte etwas oder beschwerte sich. Karl-Wilhelm atmete tief durch, dachte eigentlich, er sei jetzt allein im Bus, sah aber im Rückspiegel noch zwei Männer in seinem Bus sitzen. „Ich fahre da jetzt wirklich hin, sie können noch aussteigen", teilte er diesen mit. „Sie können aber auch gerne mitfahren."

„Ich fahre mit", sagte der junge Mann gleich hinter ihm. „Und wenn ich darf, ich auch", meinte der zweite, anscheinend ein Afrikaner. Für Karl-Wilhelms Begriffe war er gekleidet wie ein Wüstenbewohner. So etwa aus Mali oder etwas aus der Gegend. Mit Turban und langem Gewand. „Wenn Sie wirklich mit dem Bus nach Jerusalem wollen, werden Sie einen Übersetzer brauchen", sagte der Afrikaner noch in akzentfreiem Deutsch.

„Nun denn", sagte Karl-Wilhelm, mehr zu sich selbst, „dann fahren wir jetzt los. Die Linie 18 ist auf dem Weg nach Jerusalem, Ankunftszeit und Zwischenhalte werden rechtzeitig bekannt gegeben." Er fühlte sich irgendwie wie in Watte gepackt, wie in einem Traum, gefangen in einer Handlung, die er selbst vorgab. Er fuhr raus aus der Stadt und auf die nächste Autobahn nach Süden. Interessanterweise kam keine Anfrage von der Zentrale. Er hatte eher damit gerechnet, dass sich Fahrgäste beschweren würden. Aber alles blieb ruhig. Die Autobahn war entsprechend der Tageszeit sehr voll, er reihte sich auf der rechten Spur in die endlose Schlange der Lastwagen ein und fuhr im gleichmäßigen Strom der Fahrzeuge mit.

„Ich bin Amerikaner und schon deshalb hat man sich für einiges zu entschuldigen“, meinte der junge Mann hinter ihm. „Und wenn man sein Mazel ändern will, muss man auch seinen Standort ändern, sagt ein altes Sprichwort bei uns.“ Karl-Wilhelm schaute in seinen Rückspiegel. Er wusste nicht so genau, wie das jetzt wohl gemeint war. Die beiden Männer hatten sich in die Reihe direkt hinter ihm gesetzt. „Wartet denn niemand auf sie?“, fragte Karl-Wilhelm den jungen Mann. „Nein“, erwiderte dieser. „Ich bin alleine hier, arbeite für eine amerikanische Firma hier in Deutschland. Und wie ist das bei Ihnen?“, kam die Gegenfrage. „Ich bin auch alleine“, antwortete Karl-Wilhelm, „Die Kinder sind schon groß und meine Frau ist vor zwei Jahren gestorben.“ „Das tut mir leid für Sie“, erwiderte der Afrikaner. „Bevor sie fragen: Ich fahre mit, weil ich lieber nicht nach Hause gehe, also hier in Deutschland. Ehestreit.“ „Nur wegen eines Ehestreits wollen Sie mit mir bis nach Jerusalem fahren?“ fragte Karl-Wilhelm ungläubig. „Na ja“, kam die Antwort, „Sie hatten eine Ehefrau, ich habe aber fünf. Sie können sich gar nicht vorstellen, wie viel Streit man mit 5 Ehefrauen haben kann.“

Das gleichmäßige Fahren auf der Autobahn hatte etwas Hypnotisches und so brauchte Karl-Wilhelm ein paar Sekunden, bis er registrierte, dass ein Polizeiwagen vor ihm einscherte, das Blaulicht anschaltete und das

„Bitte folgen"-Schild auf dem Wagendach aufleuchtete. „Solange das auch mein Weg ist", dachte sich Karl-Wilhelm, „folge ich dir". Er sah nach den anderen beiden, diese nickten stumm. Der Polizeiwagen vor ihm wurde langsamer, anscheinend wollte er ihn auf einen Parkplatz lotsen. Karl-Wilhelm behielt seine Geschwindigkeit bei und trieb den kleinen Wagen mit seinem tonnenschweren Bus vor sich her. Die Polizisten hatten Mut und ließen ihn auffahren. Im Bus war nur ein leichtes Knirschen zu hören, aber das Polizeiauto kam ins Schlingern, verlor funkenstiebend die hintere Stoßstange und ging wieder auf mehr Abstand.

„Irgendwann werden sie uns stoppen", sagte er zu den beiden anderen. „Ich glaube nicht", meinte der Afrikaner, „Allah ist mit den Gerechten." „Ihr Glaube in allen Ehren", sagte Karl-Wilhelm zu ihm, „aber ich habe gerade einen Bus von den städtischen Verkehrsbetrieben geklaut und wurde wahrscheinlich gerade auch fristlos gekündigt. Insofern bewegen wir uns auf dünnem Eis."

Die Polizisten machten keinen Versuch mehr, sie zu stoppen, sondern fuhren mit gleichmäßigem Abstand vor ihnen her. Karl-Wilhelm konnte sich soweit entspannen, dass er, entgegen jeder Dienstvorschrift, das Radio einschaltete. Gerade zur rechten Zeit, denn sie kamen schon in den Nachrichten. Ein Bus der städtischen Verkehrsbetriebe sei entführt worden, es sei aber nicht klar, ob es ein religiöser Extremist sei. Denn mehrere Zeugen hatten berichtet, dass der Fahrer sagte, er wolle nach Jerusalem. Oder ob es eine politisch motivierte

Entführung sei und der Fahrer das Opfer. Im Bus sei ein Araber gewesen, der habe gefährlich ausgesehen. Und die zweite Erklärung sei die wahrscheinlichere, sagte die Sprecherin. Lösegeld oder andere Forderungen seien von dem arabischen Extremisten bisher aber nicht bekannt geworden.

Die drei schauten sich ungläubig an. „So funktionieren Nachrichten", sagte der junge Mann. „Die können ja schlecht berichten, dass ein Polizeiwagen mit zwei Polizisten völlig gelangweilt seit Stunden auf der Autobahn vor einem Bus herfährt. Wobei - wenn man sich die Insassen der Wagen neben uns anschaut, fällt auf, dass diese alle wie junge, durchtrainierte und sehr aufmerksame Polizisten in Zivil aussehen, oder?" Die anderen beiden musterten die Insassen der Fahrzeuge auf der linken Spur. Die Fahrzeuge hielten genau die gleiche Geschwindigkeit, hatten sie also eingekesselt.

„Ich heiße übrigens Gabriel", meinte der junge Mann. „Und ich heiße Jawaad", sagte der Afrikaner. „Karl-Wilhelm", sagte dieser nur ganz knapp. Er ärgerte sich ein bisschen, dass er sich nicht gleich vorgestellt hatte. Er fand, dass es eine deutsche Unsitte sei, oft lange mit Menschen zu tun zu haben, ohne sich gegenseitig die Namen zu nennen.

„Wenn wir schon extremistische Entführer sind, sollten wir auch Forderungen stellen", meinte Gabriel. „Genau", sagte Karl-Wilhelm, „wir müssen tanken, ich habe Hunger und muss mal für kleine Entführer." Jawaad hatte schon sein Handy gezückt. „Äh, gibt es eine Zentrale für Entführer die ich jetzt anrufen muss?", fragte er ganz ernsthaft. „Wähle einfach 110", sagte Karl-Wilhelm, irgendwie waren sie jetzt beim vertrauten „Du", ohne es verabredet zu haben. „Halt nein, warte, was ist denn das?", rief er gleich hinterher. Es hatte inzwischen angefangen zu schneien, er war gerade an einem liegengebliebenen Auto vorbeigefahren und jetzt liefen auf der Standspur vor ihm zwei Personen. Die wollte er bei dem Sauwetter nicht weiter laufen lassen, außerdem war es gefährlich. Er trat recht abrupt auf die Bremse. Ein lautes Krachen hinten zeigte, dass der nachfolgende Polizeiwagen zu dicht aufgefahren war. Karl-Wilhelm hoffte, dass den Polizisten nichts passiert sei und kam genau neben den Fußgängern auf dem Standstreifen zum Stehen. Er öffnete die Fahrertür und bat die beiden, einzusteigen. Es war eine Frau mit einem kleinen Mädchen, beide schon ganz nass und frierend. „Kommen Sie rein", rief er ihnen zu, „das ist gefährlich, was sie hier machen."

Jawaad half ihnen die Treppe hoch und nahm der Frau einen recht großen und schweren Koffer ab. „Das ist aber nett", sagte diese sichtlich erschöpft. „Wohin fahren sie denn?" „Nach Jerusalem", sagten die drei wie aus einem Munde. „Dann seid ihr wohl die drei Weisen aus dem Abendland", lachte die Frau.

2 An der Raststätte

Ihre zwei neuen Fahrgäste machten es sich in einer der vielen leeren Reihen vorne bei Karl-Wilhelm gemütlich. „Ich lasse sie dann bei nächster Gelegenheit wieder raus, hinter uns ist nämlich die Polizei her." „Oh Mama Mia, ich will nicht raus, ich will auch nach Jerusalem fahren", rief das kleine Mädchen enttäuscht. „Na ja, wenn uns die Herren nicht dabei haben wollen, müssen wir wieder aussteigen", erwiderte diese. Das kleine Mädchen ging vor zu Karl-Wilhelm. Es zupfte an seiner Dienstjacke und sage mit einem unglaublichen Augenaufschlag „Du, Herr Busfahrer, dürfen wir mitfahren nach Jerusalem?" Karl-Wilhelm stotterte: „Wenn es für deine Mutter recht ist, soll es uns auch recht sein". Die beiden anderen Männer lächelten. „Aber wenn es gefährlich wird, müsst ihr aussteigen."

Das kleine Mädchen klatsche hocherfreut in die Hände und setzte sich bei Jawaad auf den Schoß. „Wir müssen tanken, vergiss' das nicht", sagte Jawaad zu Karl-Wilhelm. „Und wenn ich im Radio schon ein gesuchter Extremist bin, will ich mich auch bemühen, diesem neuen Job gerecht zu werden. Ich rufe mal die Polizei an." Er nahm wieder sein Handy aus der Tasche, wedelte damit zu den neben ihnen fahrenden Polizisten hinüber und hatte prompt Erfolg. Als hätten diese nur darauf gewartet, hielten sie eine große Tafel mit einer Handy-Nummer darauf an ihr Beifahrerfenster.

„The number you have dialed is temporarily not available“, tönte es aus Jawaads Handy. Er schaute hinüber zu den Polizisten, zuckte mit den Schultern und machte ein fragendes Gesicht. Ganz hektisch schrieb der Polizist etwas auf ein neues Schild: „Akku leer!“ stand da. „Und jetzt?“ fragte Jawaad. „Wähle die 110“, sagte Gabriel. Nach kurzer Zeit meldete sich eine Polizeidienststelle. „Guten Abend“, meinte Jawaad, „ich heiße Jawaad, bin seit kurzem Entführer und würde gerne meine Forderungen stellen. Mit was fängt man denn da im Allgemeinen an? Nein, ich will sie nicht auf den Arm nehmen.“

„Er erkundigt sich gerade bei den Kollegen“, sagte Jawaad. „Ok, ja, Sie sprechen mit dem schwarzen Kerl im Bus, ich höre ihre Kollegen im Hintergrund recht gut. Also, ich will den Entwicklungshilfeminister an der nächsten Tankstelle sprechen, wir brauchen warme und trockene Kleider für eine hübsche Frau und ein kleines Mädchen und wenn ein Fernsehsender bei uns im Bus filmen will, sagen sie ihnen, das Mindestgebot liegt bei 250.000 €, in bar. Ja, das ist alles. Den Rest kaufen wir uns an der Tankstelle.“

So, das wäre geklärt. „O je, Jawaad“, sagte Gabriel, „die werden uns an der nächsten Tankstelle hochnehmen.“ „Ich glaube nicht“, entgegnete dieser. Hauptsache der Entwicklungshilfeminister ist da, und das Fernsehen.“

In einiger Entfernung sahen sie dann bald sowohl die beleuchtete Raststätte als auch dutzende Polizeiwagen und die Flutlichtanlagen der Fernsehsender. Jawaads Handy klingelte. Er schaltete den Lautsprecher ein: „Wollen Sie, dass sich der Minister nackt auszieht, damit sie sehen können, dass er keine Waffen hat." „Mein lieber Herr", entgegnete Jawaad, „zum einen glaube ich nicht, dass das ein erhebender Anblick wäre, zum anderen möchte ich den Minister nicht beleidigen. Bei uns liebt ein Mann sein Gewehr, sein Kamel und seine Frauen. Und zwar genau in der Reihenfolge. Der Minister soll anständig gekleidet kommen und kann an Waffen mitbringen, was ihm lieb ist."

Die anderen schauten ihn einigermaßen ungläubig an. „Na, das wird ein kurzer Ausflug", meinte Karl-Wilhelm. „Jetzt wartet es doch einmal ab, ihr ungeduldigen Weißen", lachte Jawaad. Karl Wilhelm fuhr langsam zu den Zapfsäulen und stoppte den Bus. Er schaltete das Außenmikrofon an und verkündete: „Wir haben eine Frau und ein Mädchen bei uns. Bitte nicht schießen, wir wollen nicht, dass irgendjemandem etwas passiert. Wobei es an einer Tankstelle schlechthin nicht ratsam ist, zu schießen, oder?"

Ein paar der Polizisten schauten jetzt misstrauisch auf die Zapfsäulen und auf ihre Waffen. Die meisten ließen sie sinken.

Jawaad stieg einfach aus und lief mit ausgebreiteten Armen sowie dem strahlendsten Lächeln, das die Welt je gesehen, auf den Mann zu, der ganz alleine vor ihnen stand. „Verehrter Herr Minister“, rief er laut und schaute dabei in möglichst viele Kameras, „ich freue mich unglaublich, Sie hier zu sehen. Lassen Sie mich die Gunst der Stunde nutzen und mich in aller Öffentlichkeit ganz herzlich bei Ihnen und den deutschen Steuerzahlern für diesen wunderbaren Bus als Geschenk für die Entwicklung der Infrastruktur meines armen Landes bedanken.“ Er schüttelte dem völlig verdatterten Minister die Hand so heftig und lange, dass man Sorge um sein Schultergelenk haben musste.

„Herr Botschafter, sind Sie das wirklich?“, sagte dieser ganz leise mit zusammengepressten Zähnen. „Was tun sie denn hier? Auf Sie sind die Gewehre dutzender Scharfschützen gerichtet.“ „Wir werden diesen Bus sogar mit Hilfe freiwilliger städtischer Beamter in mein Heimatland überführen dürfen, so können wir die Kosten für den Schiffstransport sparen“, tönte Jawaad weiter.

„Liebe Mitbürgerinnen und Mitbürger, ich bin ja so froh, dieses Missverständnis auflösen zu können“, strahlte jetzt auch der Entwicklungshilfeminister in die Kameras. Schließlich war er Profi und nächste Woche waren Wahlen. „Ich vergaß, meinen Dienststellen mitzuteilen, dass wir ihnen diesen Bus schon lange zugesagt hatten.“

„So“, sagte Jawaad, „wo ist der Sender mit dem meisten Bargeld?“, „Das sind wohl wir“, tönte es von einem

Team aus Reporter, Kameramann und Tontechniker. „Wie viel?“, fragte Jawaad. „800.000 sind zusammengekommen.“ „Na ja, dann kommt mal mit. Und Sie, Herr Minister, schicken bitte die Polizisten in den wohlverdienten Feierabend.“

Jawaad schnappte sich den Geldkoffer, und mit dem Kamerateam im Schlepptau kletterte er wieder in den Bus. „So, der Bus gehört uns und Geld haben wir jetzt auch“, strahlte er in die Runde.

Von ganz weit her waren durch die offene Fahrertür noch Schreie zu hören. „Niemand verschenkt meine Busse, hören Sie, auch kein Minister, das lasse ich mir nicht gefallen, wenn das jeder und wo kämen wir denn da hin, einfach so nach Afrika, die sollen doch selber…“

„Das klang jetzt verdächtig nach meinem Chef“, sagte Karl-Wilhelm. „Und du bist also Botschafter, schau an…“

3 Einmal im Fernsehen

Karl-Wilhelm rangierte den Bus an eine Diesel-Zapfsäule und ging raus zum Tanken. „So", rief er, „alles aussteigen, kurze Rast auf dem Weg nach Jerusalem. Einkaufen und Toilettenbesuch wäre jetzt angebracht, die nächsten 1.000 Kilometer fahren wir durch." Alle gingen in die Raststätte und versorgten sich nach Erledigung dringenderer Geschäfte mit den üblichen Fast-Food-Produkten, die man an einer Raststätte so bekommt. Mit der Zeit bemerkte dann einer nach dem anderen, dass etwas nicht stimmte. Sie waren die einzigen Kunden und es war völlig still. Keine piepsenden Kassen und keine musikalische Dauerberieselung.

Gabriel ging Richtung Kasse. Der Kassierer war kreidebleich und hatte Schweißperlen auf der Stirn. „Warum fürchtest du dich?", fragte er den Mann. „Ihr könnt alles nehmen, es wird euch niemand daran hindern. Die Polizisten sind schon geflohen." Er streckte jetzt zudem noch die Arme kerzengerade in Höhe. Die anderen beiden Kassierer machten es ihm nach. „Ach so", meinte Gabriel, „ihr habt das gar nicht mitbekommen. Es ist niemand entführt wurden, es ist alles in Ordnung. Die Polizisten sind nicht geflohen, die sind vermutlich ins Büro gefahren, um einen Bericht zu schreiben. Wäre sicher interessant, diesen zu lesen. Versehentlich Bus verfolgt und völlig blamierten Minister gesehen, oder so ähnlich."

„Ja, wie?“, fragte einer der Kassierer, „gibt es jetzt keine Verfolgungsjagd und freigelassene Geiseln?“ „Nein“, meinte Gabriel, „da muss ich dich enttäuschen, das wird ein ganz langweiliger Abend. Wie immer.“

„Und ich hatte gedacht, ich komme jetzt mal ins Fernsehen“, meinte der dritte Kassierer ganz rechts außen. „Oder sogar zu Günther Jauch, als einer der letzten, der euch lebend gesehen hat.“ „Na, ein bisschen würde ich schon noch leben wollen“, meinte Karl-Wilhelm, der nach dem Tanken inzwischen auch die Raststätte betreten hatte. „Nee“, sagte der Reporter, „das wird hier wohl wirklich nichts fürs Fernsehen.“ „Wir werden sogar bezahlen“, lachte Jawaad. Als sie alle wieder im Bus waren, fuhr Karl-Wilhelm wieder auf die Autobahn. Sie machten sich über ihre eingekauften Speisen her und mampften schweigend. Die Anspannung der letzten Stunden hatte nachgelassen und sie merkten jetzt erst, wie hungrig und müde sie waren.

„Was seid ihr eigentlich für ein komisches Reportage-Team?“, fragte die junge Dame, die sie von der Standspur aufgelesen hatten. „Ihr seht alle aus wie 18 oder 20, ich habe mir richtige Reporter immer älter vorgestellt. Ich habe euch auch noch nie im Fernsehen gesehen.“ Die drei schauten sich ein bisschen ratlos an. Die junge Dame mit dem Mikrofon in der Hand fand als erste die Sprache wieder. „Also“, begann sie, „wir sind schon richtige Reporter, zumindest ich. Georg hier macht den Ton und Michael bedient die Kamera.“ „So so“, meinte Gabriel nur. „Also gut, wir waren auch noch nie im Fernsehen", sagte Kameramann Michael. Aber bei Youtube haben wir schon ein paar recht gute Kurzfilme gemacht. Gabriel hatte einen unglaublichen Blick aufgesetzt. So, wie er die drei ansah, konnten sie wohl einfach nicht lügen. „Und wie habt ihr die 800.000 € zusammenbekommen? Je ein Euro von euren Fans? Das hätte ja wohl etwas länger gedauert." Zwischen der Ansage von Jawaad an die Polizei, dass er Fernsehteams sehen möchte, und ihrer tatsächlichen Ankunft an der Tankstelle verging ja kaum eine Stunde. „Dafür können wir nichts", so die Drei, die jetzt durcheinander redeten, anscheinend bekamen sie es ein wenig mit der Angst zu tun. „Wir wollten einfach auch einmal eine tolle Reportage drehen und da wir immer den Polizeifunk abhören, waren wir auch gleich da. Die anderen Teams waren unheimlich damit beschäftigt, die besten Plätze zu bekommen. Das heißt, die eine Hälfte der Teams hat Wetten darauf abgeschlossen, wer die Prügelei mit der anderen Hälfte um die besten Plätze gewinnt. Die meisten Profis meinten auch, sie hätten so viele Berichte über Entführungen mit Bussen, da bräuchten sie keinen neuen, sondern würden eher die alten wieder verwenden. Das merke kein Mensch. Und als es völlig chaotisch wurde und so ein dicker alter Mann mit einem Luftgewehr seinen Bus zurückhaben wollte, liefen alle dort hin. Das war mal was Neues. Bei den Jungs vom Kabelfernsehen stand dann auf einmal ganz verlassen dieser Geldkoffer rum. Das mit dem 800.000 € haben wir nur gehört, wir haben da noch nie reingeschaut. Als wir dann ganz aufgeregt und fast als einzige vorne beim Minister standen, immer noch an eine Entführung glaubten, trauten wir uns nicht mehr weg und haben uns mit dem Geld in euren Bus gesetzt."

„Ja, genau, mein Chef ist im Schützenverein", brummte Karl-Wilhelm. Da sieht man mal wieder, was man damit alles anrichten kann. „Und euch gehört also das Geld gar nicht", fragte Karl-Wilhelm. „Nein", sagte Georg, „das haben die Star-Reporter vom Bezahl-Fernsehen wohl einfach so verloren." Er grinste etwas verlegen.

„Also, jetzt müsst ihr uns aber wenigstens interviewen", sagte die junge Dame vom Standstreifen. „Ich fange mal an." Sie setzte sich aufrecht hin, benetzte sich mit der Zunge die Lippen und blickte in Richtung Kamera. Michael war tatsächlich schon bereit. „Ich heiße Maria und bin heute völlig überraschend zu einer Abenteuerfahrt nach Jerusalem aufgebrochen. Was ich arbeite und wo ich wohne, ist ganz langweilig, das werde ich auch nicht verraten. Aber ich werde euch etwas über das kleine Mädchen, dort drüben zwischen Gabriel und Jawaad, erzählen. Ich bin nicht ihre Mutter, auch wenn das immer alle glauben. Die Kleine heißt Sheherazade, nicht weil sie Märchen erzählt, sondern weil sie selbst ein wunderbares Märchen ist.

4 Das Märchenkind Sheherazade

„Ich bin eine von den vielen Singles, die es heutzutage gibt, muss ich kurz vorher noch erklären", begann Maria. „Entweder komme ich nicht mit den Männern zurecht, oder die nicht mit mir, keine Ahnung. Das vorab, sonst versteht ihr die Geschichte nicht. Ich wohne also alleine, arbeite wann und wo ich will, denn ich bin Übersetzerin für Deutsch und Russisch, und das kann ich wirklich überall machen. Ich habe oder hatte also ein wirklich unabhängiges Leben. Hin und wieder ein Flirt oder eine Affäre, das Leben erschien mir wie eine belanglose immerwährende Party. Bis ich eines Morgens aufwachte und ein kleines Baby neben mir lag. In meinem Bett. Eben Sheherazade." Maria machte eine kleine Pause, aber alle blickten nur auf das kleine Kind, das inzwischen in Gabriels Armen eingeschlafen war. Es war schon weit nach Mitternacht. Selbst Karl-Wilhelm blickte während des Fahrens über die Schulter.

„Und das sollen wir dir glauben?", fragte das Reporter-Team wie aus einem Munde, „da lag so auf einmal ein Baby. Und du hast es dann angenommen und großgezogen? Einfach so? Was ist mit einer Geburtsurkunde, Kinderarzt, Kindergarten? Was haben deine Nachbarn gesagt?"

„Immer langsam", meinte Maria ganz ruhig. „Für Reporter seid ihr noch ziemlich durcheinander. Lasst mich weiterreden. Ich wachte also auf und die Kleine war auf einmal da. Ich traute meinen Augen nicht und überlegte mir, wer mich da wohl auf den Arm nehmen wollte. Ich hatte nie einen Kinderwunsch verspürt und auch nie mit jemandem über das Kinder bekommen geredet, insofern war ich mehr als verblüfft. Ich hatte auch keine Ahnung von kleinen Kindern, ich habe keine Geschwister.

Ich überlegte also angestrengt, was ich denn jetzt tun könne. Die Kleine schlief friedlich, bis ich aufstand. Sie blickte mich sofort aus tiefblauen Augen an und strahlte. Als erstes fiel mir ein, dass ich mit ihr zu einem Kinderarzt gehen sollte. Danach wollte ich dann zur Polizei und das alles melden. Ich suchte mir also im Internet einen Kinderarzt in meiner Nähe, fuhr mit der Kleinen in der Straßenbahn hin und legte dem Kinderarzt, unbeholfen wie ich war, sozusagen die Kleine auf den Untersuchungstisch, damit er sie sich einmal anschaue und mir sage, was ich machen soll. Der Kinderarzt sagte kein Wort, untersuchte die Kleine, meinte, es sei alles in Ordnung, er wollte nur etwas holen. Er verließ den Behandlungsraum und kam nach 10 Minuten mit der Polizei zurück.

‚Ist das ihr Kind?', fragten mich die Polizisten. ‚Nein', antwortete ich, ‚es war heute Morgen in meinem Bett', war meine ziemlich blöde, aber wahre Antwort. Kurz und gut, ich wurde verhaftet, die Kleine kam über das Jugendamt zu Pflegeeltern und ich landete, so lange ich kein Geständnis abgab, im Frauengefängnis."

Die anderen hörten gebannt zu. Karl-Wilhelm war inzwischen von der Autobahn abgefahren und suchte nach einem Platz, wo er den Bus abstellen konnte, um ein paar Stunden zu schlafen. Auf einer Autobahnraststätte war es ihm einfach zu laut.

„Und wie hab ihr euch dann wieder gefunden?“, fragte Jawaad. „Ganz einfach“, sagte Maria, „nachmittags war sie wieder da.“ „Auch völlig überraschend in deinem Bett, in deiner Zelle, vermute ich mal“, meinte Georg. „Nein“, sagte Maria. „Die Pflegeeltern haben sie mir gebracht. Denn kaum war Sheherazade von mir getrennt, fing sie fürchterlich zu schreien an. Sie wurde untersucht, ob sie Schmerzen habe, sie wurde gewiegt, gefüttert, immer wieder gewickelt, aber nichts half. Bis die Oma bei der Pflegefamilie auf einmal sagte, das Kind gehört dahin, wo es sich wohlfühlt, bei der Polizei anrief und erfragte, wo ich sei, und mit Sheherazade zu mir kam.“

„Aber es ging noch einige Zeit weiter. Immer wieder tauchte das Jugendamt bei mir auf, um zu prüfen, ob es der Kleinen gut ging. Immer wieder Verhöre bei der Polizei. Untersuchungen beim Frauenarzt, es wurde aber nur festgestellt, dass ich noch nie schwanger war. Mehrmals wurde sie mir weggenommen, aber immer wieder wurde sie mir nach wenigen Stunden von einer beherzten Mutter, die sich weder von einem Richter noch von der Polizei beeindrucken ließ, zurückgebracht.

Irgendwann war dann Ruhe. Seither lebt sie bei mir. Sie hat noch nie Mama zu mir gesagt, ist aber immer glücklich in meiner Nähe. Und ich liebe sie über alles. Sie nennt mich einfach Mia, weil sie am Anfang wohl Maria nicht aussprechen konnte.

Es konnte auch nie festgestellt werden, woher sie kam. Kein Säugling wurde damals vermisst gemeldet. Meine Wohnungstür war auch nicht aufgebrochen. Also Rätsel über Rätsel. Ich habe sie inzwischen adoptiert, auch das mit vielen Schwierigkeiten, und wie gesagt, natürlich glaubt mir eigentlich niemand."

„Wir glauben Dir", sagte Gabriel mit dieser Stimme, die keinen Widerspruch duldet. Die anderen nickten nur.

Die jungen Reporter hörten auf zu filmen und packten ihre Sachen ein. „Morgen früh sollten wir das in einem Internet-Cafe in Youtube stellen. Mal sehen, was die Welt dazu meint. Vielleicht meldet sich sogar die eigentliche Mutter", vermutete Michael.

„Und morgen früh sollten wir uns ein paar Sachen im Supermarkt besorgen", sagte Karl-Wilhelm vom Fahrersitz. „Kleidung zum Wechseln, Matratzen und Decken zum Schlafen, etwas zum Kaffee und Tee kochen und was man halt so braucht für eine lange Reise."

„Ich dachte schon, ihr Weißen habt gar keine Kultur", sagte Jawaad mit seinem strahlenden Lachen. „Duschen sollten wir vielleicht auch einmal."

„Was haben eigentlich Deine Eltern zu ihrem neuen Enkelkind gemeint?", wollte Karl-Wilhelm wissen. „Ich habe keine Eltern", sagte Maria leise. „Jeder hat Eltern", meinten die anderen. „Nun, ich nicht", entgegnete Maria, „und Sheherazade anscheinend auch nicht. Ich wurde an einem Sommertag vor einem Waisenhaus in Sibirien gefunden. Meine Eltern sind unbekannt." Karl-Wilhelm lief ein kalter Schauer über den Rücken. „Ich bin in vielen verschiedenen Waisenhäusern in Russland aufgewachsen, hauptsächlich in sibirischen Bergwerksstädten. Es gab Unschönes, manchmal auch Schönes zu erleben. Irgendwann bin ich nach Deutschland ausgewandert. Hier ist es angenehm zu leben. Und deshalb kann ich auch ganz gut als Übersetzerin für Russisch und Deutsch leben", ergänzte Maria.

Der Bus kam auf einem holprigen Waldweg zum Stehen. Es schneite immer noch und sogar recht heftig. Karl-Wilhelm schaltete den Motor ab. Es war auf einmal überraschend still nach den vielen Stunden des Fahrens. Im Scheinwerferlicht auf dem Weg vor ihnen stand ein großes, anscheinend selbstgemachtes Holzschild:

DER WELT EINZIGSTER UND WAHRER
WEIHNACHTSMARKT

war darauf zu lesen. „Hier kommen ja wohl nicht viele hin", meinte Georg. „Alles stockdunkel und mitten im Wald." „Gibt es ‚einzigster' überhaupt", fragte Jawaad. „Nein", meinte Maria, grammatikalisch nicht, nur ‚einziger'. Aber die Deutschen sind nicht so gut in deutscher

Grammatik, sei nicht so streng mit ihnen", ergänzte sie lächelnd.

„Das schauen wir uns an, wenn es hell ist", sagte Karl-Wilhelm. „Und jetzt sollte sich jeder ein bequemes Plätzchen suchen und ein bisschen schlafen."

5 Der einzigste und wahre Weihnachtsmarkt der Welt

Karl-Wilhelm wachte aus einem sehr unbequemen und viel zu kurzen Schlaf auf. Die Standheizung bollerte gleichmäßig vor sich hin und es war draußen schon hell. „Vorhänge brauchen wir auch noch", dachte sich Karl-Wilhelm, „wenn wir noch länger mit dem Bus unterwegs sein wollen." Als er aus der Frontscheibe blickte, sah er wieder das große Holzschild, welches den einzigsten und wahren Weihnachtsmarkt der Welt ankündigte. Im Tageslicht konnte man etwas weiter hinter dem Schild, zwischen den Bäumen, ein paar Hütten sehen. Von allen ging ein warmes Licht aus und bei allen rauchte der Schornstein auf dem Dach. Er stand leise auf, streckte seine völlig verbogenen Glieder. Die Sitze des Busses waren schlecht zum Schlafen geeignet. Leise ging er vor zur Fahrertür und öffnete diese. Das Zischen der Pressluft weckte auch Gabriel und Jawaad.

Zu dritt stapften sie durch den Schnee zu diesem einsamen Weihnachtsmarkt mitten im Wald. Neben einer der kleinen Hütten hackte ein dick vermummter uralter Mann Holz. Er blickte auf, grinste sie an und rief „Aha, die drei Weisen aus dem Abendland, wurde nach 2.000 Jahren aber auch langsam Zeit." „Wie meinen Sie das?", fragte Gabriel. „Ach, war doch nur ein Scherz. Aber wenn man euch drei so durch den Wald gehen sieht, könnte man irgendwie auf die Idee kommen."

GLÜCK
LIEBE

„Auf die Idee kam gestern auch schon jemand“, meinte Karl-Wilhelm. „Es ist etwas verblüffend, wenn man anscheinend wie drei Könige aus dem Orient aussieht, die wahrscheinlich nur eine Legende sind und die eigentlich noch nie jemand gesehen hat.“

„Zumindest seht ihr wie die Antwort des Abendlandes auf diese alte Geschichte von den drei Sternguckern aus, die zu spät gekommen sind.“ „Zu spät?“, fragte Jawaad. „Na, zur Geburt waren sie nicht da, erst ein paar Tage danach. Aber dafür hatten sie ja die Ausrede mit diesem Stern, dem sie angeblich gefolgt sind.“ „Doch, dem Stern sind sie auf jeden Fall gefolgt“, sagte Gabriel. „Du klingst, als wärst du dabei gewesen“, meinte der Alte. „Ich glaube nicht“, meinte Gabriel mit einem Stirnrunzeln, „aber ganz sicher bin ich mir nicht mehr.“ Die anderen schauten ihn fragend an. „Ich weiß es wirklich nicht“, versicherte Gabriel.

„Haben Sie denn überhaupt Kunden, hier so ganz alleine mitten im Wald?“, fragte Jawaad. „Ich will keine Kunden. Hier können gerne Menschen herkommen, oder Gäste, oder Suchende. Aber Kunden, nö!“, sagte der Alte sehr bestimmt. „Ja, wollen sie denn nichts verkaufen?“, bohrte Jawaad weiter. „Also, ich erkläre euch das jetzt mal“, sagte der Alte. „Halt“, meinte Karl-Wilhelm, „das ist was für unser Kamerateam, denke ich. Ich wecke die drei einmal auf.“ Sagte es, rannte zum Bus und war nach 5 Minuten mit drei jungen, frierenden und verschlafenen Gestalten wieder da. „Nehmt das auf, wenn es für den Herrn recht ist, ich glaube, das wird interessant." „Fernsehen?", fragte der Alte. „Nein", sagten die drei Reporter, „erst mal Youtube". „Jutub?", entgegnete der Alte, „Nie gehört, kann man hier wohl nicht empfangen. Aber filmt mich nur, das darf gerne die ganze Welt erfahren."

„Also jetzt passt auf. Was kann man auf einem Pferdemarkt kaufen? Natürlich Pferde. Und auch verkaufen. Auf einem Eiermarkt kann man Eier kaufen und verkaufen. Und auf den Weihnachtsmärkten in den großen Städten? Süßigkeiten, Glühwein, noch mehr Süßigkeiten, Bilder von Weihnachten, Holzschnitzereien von Weihnachten, Lichterketten für Weihnachten, Musik von und über Weihnachten. Was würdet ihr von einem Pferdemarkt halten, auf dem es nur Bilder von Pferden, Lieder über Pferde und Süßigkeiten gäbe, die wie Pferde aussehen. Aber richtige Pferde sind nicht da. ‚Das ist gar kein Pferdemarkt', würdet ihr sicher sagen. Und so sind die üblichen Weihnachtsmärkte auch keine richtigen Weihnachtsmärkte, denn Weihnachten kann man dort nicht kaufen oder verkaufen. Und jetzt werdet ihr sicher sagen, dass man doch Weihnachten nicht kaufen kann. ‚Nein', sage ich, ‚da habt ihr recht, kaufen kann man Weihnachten nicht'. Aber schenken. Und jetzt kommt mal mit."

Er stapfte zu einer der Hütten. Über der Tür stand auf einem großen Schild: „Nächstenliebe". Die Hütte sah aus wie ein behaglich eingerichtetes Wohnzimmer. Offenes Feuer, alles in Holz eingerichtet, sehr rustikal und einige Kerzen. Von der Hütte ging eine warme Anziehungskraft aus. Die drei konnten kaum dem Drang widerstehen, sich einfach hineinzusetzen und die Hütte nie wieder zu verlassen. „Da ist ja aber gar keine Nächstenliebe drin', werdet ihr jetzt sagen", sprach der Alte weiter. „‚Richtig', sage ich. Das funktioniert nur mit Menschen. Mit Menschen, die Nächstenliebe geben wollen. Wenn sich also zwei oder mehr da reinsetzen wollen und Nächstenliebe geben und empfangen wollen, sollen sie mir gerne Gäste sein. Glühwein müssen sie aber schon selber mitbringen, den verkaufe ich nicht." Sie gingen weiter zur nächsten Hütte. „Frohe Botschaften", stand auf dem Schild über der Tür. Und so folgten Glück, Geborgenheit, Treue und noch einige andere Hütten mit ihren Schildern.

„Und war denn schon jemand da?", fragte Georg. „Nein", sagte der Alte, „ich bin ja erst gestern Abend fertig geworden. Ich denke, ich muss Geduld haben. Das dauert, bis die Menschen verstehen, was ich meine. Leider habe ich nicht mehr viel Zeit zu warten, wie ihr seht, bin ich schon recht alt." Inzwischen waren auch Maria und Sheherazade dazugekommen. „Wie alt bist du denn?", fragte Sheherazade den Alten. Der dachte kurz nach und meinte: „Ich glaube, das habe ich vergessen. Ich bin schon so lange auf dieser Welt, seit Jahren hat mich niemand mehr danach gefragt und den Eichhörnchen hier im Wald scheint es egal zu sein." „Du hast noch etwas vergessen", sagte Sheherazade. „Eine Hütte für den Frieden." Der Alte schaute verdutzt, dachte kurz nach und blickte dann direkt in die laufende Kamera:

„Also hört zu, ihr Fernseh- oder Jutub-Zuschauer. Hier ist ein alter Knacker, der hat schon nicht mehr alle Tassen im Schrank. Vergisst, die wichtigste Hütte für seinen einzigsten und wahren Weihnachtsmarkt der Welt zu bauen. Wenn es einen Freiwilligen gibt, der demnächst meine Aufgaben hier übernehmen will, einfach vorbeikommen. Kurz vor der französischen Grenze, rechts im Wald, da wo man es am wenigsten vermutet. Handwerkliche Kenntnisse und ein eigenes Hirn wären eine gute Voraussetzung, um die Stelle zu bekommen."

Sie verabschiedeten sich von dem Alten und gingen zum Bus. „Wer war das eigentlich?", fragte Georg, der Tontechniker. „Der hatte ein Einschussloch in seinem Mantel. Das war doch der Nikolaus", sagte die kleine Sheherazade. Die anderen lächelten still in sich hinein. „Aber seit alle vom Weihnachtsmann sprechen statt von Nikolaus, ist er sauer und sucht sich gerade einen neuen Job", sagte Gabriel.

„Apropos französische Grenze", meinte Karl-Wilhelm auf einmal, „Ich glaube, wir haben ein Problem. Ich habe keine Papiere für den Bus. Die werden uns so wahrscheinlich nicht über die Grenze lassen. Ich habe nie Papiere bei mir, dann kann ich sie schon nicht verlieren." „Das dürfte kein, aber auch wirklich gar kein Problem sein", meinte Jawaad. „Ich denke, ich habe da eine gute Idee."

6 An der französischen Grenze

Sie fuhren also über Landstraßen in Richtung französische Grenze, bis sie in eine kleine Stadt kamen. Nach einigem Suchen fanden sie auch einen Platz, auf dem sie den großen Bus abstellen konnten. Das Reporter-Team machte sich auf die Suche nach einem Internet-Cafe, um die letzten Filme über Maria und den einzigsten und wahren Weihnachtsmarkt der Welt in Youtube hochzuladen. Die anderen gingen erst einmal frühstücken und Jawaad musste dringend seinen Handy-Akku aufladen. Er wollte unbedingt telefonieren.

Während Karl-Wilhelm, Gabriel, Maria und Sheherazade noch im Cafe saßen, war Jawaad draußen vor dem Cafe schon wild gestikulierend am telefonieren. Ein Viertel Stündchen später kam er wieder zu den anderen, nahm einen Schluck von seinem inzwischen kalten Tee und erklärte seinen Freunden die Idee. „Wie ihr wisst", begann er, „bin ich Botschafter meines kleinen Landes in Afrika. Dadurch genieße ich diplomatische Immunität und kann über jede Grenze dieser Welt. Wenn ich mit dem Auto unterwegs bin, hat dieses eine Flagge meines Staates vorne auf dem Kühler und ein besonderes Kennzeichen. Dadurch wird sozusagen auch das Auto zum fremden Staatsgebiet und ich kann ungehindert reisen. Ich habe gerade mit meinem Mitarbeiter in der Botschaft gesprochen. Morgen früh bringen sie uns hier in das kleine Städtchen neue Kennzeichen für den Bus, Diplomatenpässe für alle und eine große Flagge meines

Landes. Ich habe euch übrigens alle eingebürgert, ich hoffe, das stört keinen?"

„Nein", meinten die anderen. „Aber wie heißt dein Land eigentlich?", Jawaad seufzte: „Es ist so klein und so unbedeutend, dass es auf keiner Karte der Welt zu finden ist." „Willst du uns jetzt auf den Arm nehmen?", fragte Karl-Wilhelm. „Nein, wirklich. Wir haben nur 300 Einwohner. Und mein Land liegt an der Grenze zu Mali, mitten in der Wüste. Wir leben alle zusammen in einer Oase und verdienen unser Geld recht gut mit Diamanten. Und es heißt: Vereinigte und königliche Republik seiner demokratischen Majestäten von Tongalesien." „Nie gehört", meinte Gabriel. „Wir sind jetzt also alle Tongalesier, auch nicht schlecht."

„Ja, das heißt also", erklärte Jawaad weiter, „wir machen hier einen Tag Rast, erledigen, was zu erledigen ist, nehmen uns vielleicht ein Hotel für die Nacht, morgen seid ihr alle Diplomanten und es kann in Ruhe weitergehen."

Nach einem geschäftigen Tag mit Besorgungen und einer bequemen Nacht im Hotel war früh am nächsten Morgen dann wirklich ein tiefschwarzer junger Mann da, mit einem kleinen Auto, welches eigenartige Nummernschilder hatte, und eine riesige Fahne von Tongalesien auf das Dach des Busses schweißte. Nach einem kurzen Frühstück fuhren die frisch gebackenen Tongalesier dann weiter Richtung Frankreich.

Als ein Schild am Straßenrand ankündigte, dass es nur noch 5 Kilometer bis zur Grenze seien, bemerkten sie unheimlich viele Polizisten in Seitenstraßen und am Waldrand. Vor ihnen, am Himmel, kreisten mindestens drei Armee-Hubschrauber. „Meinen die uns?", fragte Maria etwas ängstlich. „Vielleicht gibt es wieder einen Castor-Transport", brummte Karl-Wilhelm. Je näher sie an die Grenze kamen, umso mehr Polizei war auf den Straßen. Sie wurden aber nicht aufgehalten. Eigenartigerweise trugen viele der Polizisten Nikolaus-Mützen statt ihrer Diensthelme. Sie wirkten auch äußerst fröhlich und winkten lachend, als der Bus vorbei fuhr. „Ich habe noch nie so viele Polizisten so fröhlich gesehen. Freuen die sich darauf, uns jetzt zu verhaften?", fragte Georg.

An der Grenze war dann kein Weiterkommen mehr. Die Straße war gesperrt. Hunderte von Polizisten bildeten dichtete Reihen, um sie am Weiterfahren zu hindern. Einige wichtig aussehende Herren standen mutig direkt vor dem Bus, lediglich beschützt von 380 Polizisten, drei Hubschraubern und mehreren hundert Fahndern in Zivil. Sheherazade war auf einen Sitz geklettert und winkte fröhlich den Hundertschaften uniformierter junger Männer und Frauen durch die Busfenster zu. Und das Seltsame war, diese winkten fröhlich zurück, scherzten und lachten miteinander, spielten Kegel mit ihren Helmen oder bauten kleine Zelte aus ihren Schutzschildern.

„Ich glaube, wir steigen jetzt einfach alle aus und schauen, was die von uns wollen“, sagte Jawaad. Kaum waren sie draußen, wurden sie von den wichtig aussehenden Herren umringt. „Herr Innenminister“, sagte Jawaad zu einem von ihnen, „was machen sie denn hier?“ „Der Entwicklungshilfeminister musste zurücktreten“, war dessen Antwort. „Ich fordere sie hiermit auf, diesen Unsinn zu lassen, uns den Bus zurückzugeben und die Bundesrepublik sofort zu verlassen. Die anderen werden wegen verschiedener Delikte in Polizeigewahrsam genommen.“ Dann drehte er sich um und brüllte in Richtung der Polizei: „Und sie hören jetzt endlich auf, im Dienst Weihnachtslieder zu singen. Nachdem es kurz ruhig war, sang irgendjemand etwas von einem Osterhasen. Der Innenminister sah aus, als würde er gleich in Tränen ausbrechen.

„Mein lieber Herr Minister“, begann Jawaad, „wir wollen die Bundesrepublik ja gerade verlassen. Wenn ihre Polizisten zur Seite gehen, fahren wir einfach weiter.“ „Nein“, sagte der Innenminister, „so geht das nicht, ich verweise sie jetzt des Landes.“ „Herr Müller“, rief er hinter sich, „lassen sie den Herrn Botschafter die Ausweisung unterschreiben.“ Ein kleiner, glatzköpfiger Herr mit Aktentasche trat neben Jawaad, suchte kurz in seiner Aktentasche und gab Jawaad ein dickes Dokument. „Achtzehn mal unterschreiben, an den Stellen, die ich markiert habe“, sagte er zu Jawaad, „das ist das Formular 101/556-46.778/001-008 zur Ausweisung ausweisungsunwilliger Diplomaten durch den ausweisungsbe-

rechtigten Innenminister oder dessen Vertreter." „Aber ich bin doch gar nicht ausweisungsunwillig", sagte Jawaad. „Sind sie nicht?", fragte der Beamte und drehte sich rasant auf den Absätzen zum Innenminister. „Herr Minister, ich muss zurück nach Berlin, ein anderes Formular holen. Der Herr Botschafter ist nicht ausreiseunwillig, sondern ausreisewillig, und das geht nur mit der Unterschrift aller Bundesrats-Mitglieder. Wenn ich mich beeile, haben wir das bis zu den nächsten Sommerferien durch. Wenn Sie einfach bis dahin hier auf mich warten wollen." Sprach es und rannte in Richtung einer großen schwäbischen Dienstlimousine davon.

Der Innenminister lief dunkelrot an und stotterte irgendetwas von einem verfluchten Beamtenpack. „Verhaften Sie alle", schrie er die Polizisten an, doch die hatten etwas anderes zu tun.

Das Kamerateam hatte alles aufgenommen und begann gerade, ein paar Polizisten zu interviewen. Etwas schwierig wurde es, als die Polizisten den Reportern ihre Waffen gaben, um selbst die Mikrofone in die Hand nehmen zu können. Bald waren die Reporter mit mehreren Dutzend Maschinenpistolen und Schlagstöcken behängt und die Polizisten interviewten sich fröhlich gegenseitig. „Hier ist es richtig schön", erzählte einer von ihnen. Er war mindestens zwei Meter groß und seine Schultern sahen so aus, als seien sie auch zwei Meter breit. „Hier muss ich niemanden durch den Wald jagen oder mit kaltem Wasser besprühen. Ich muss nicht neben einem Castor-Transport herlaufen und gestern Abend waren wir sogar beim Nikolaus. Dem haben wir alle zusammen noch mindestens 12 Hütten gebaut und er hat uns erklärt, was wirklich wichtig im Leben ist. Der muss da weiter vorne auch irgendwo mit dabei sein. Und die französischen Zöllner haben auch die ganze Nacht mitgefeiert." „Genau", riefen ein paar andere, „nie wieder Stuttgart 21. Wir fahren alle nach Jerusalem. Nikolaus for President!"

„Würde mir mal endlich jemand zuhören", brüllte der Innenminister aus Leibeskräften, den sie inzwischen völlig vergessen hatten. „Sie sind alle verhaftet und kommen jetzt mit." Die Kamera war auf ihn gerichtet, den Polizisten war es anscheinend egal, was ihr oberster Dienstherr so brüllte. „Und als erstes kommt das kleine Mädchen in ein anständiges Heim und zu Pflegeeltern", war dann das Letzte, das der Innenminister in diesem Zusammenhang sagte. Er nahm Sheherazade auf den Arm, worauf diese gellend schrie. Eine Sekunde war alles totenstill. Dann stand auf einmal der Zwei-Meter-Polizist neben dem Innenminister, versetzte ihm mit der rechten Hand einen Kinnhaken, der diesen 2 Meter rückwärts fliegen ließ und wie durch Zauberhand hatte er in der gleichen Sekunde Sheherazade auf seinem linken Arm sitzen. Seine Polizeikollegen brachen in tosenden Beifall aus. Die anderen wichtig aussehenden Herren flohen zwischenzeitlich mit ihren Dienstwagen.

Die Polizisten machten in der Mitte der Straße eine Gasse frei und forderten Karl-Wilhelm und die anderen auf, weiterzufahren. Die Freunde stiegen ein und der

Bus fuhr langsam durch ein Spalier jubelnder deutscher und französischer Polizisten. „Auf nach Jerusalem!“ riefen sie. Etwas weiter vorne stand tatsächlich der Alte aus dem Wald, vielleicht war es auch der Nikolaus, und dirigierte einen riesigen Polizeichor, welcher aus vollen Herzen sang: „Macht hoch die Tür’, die Tor’ macht weit.“

Der Bus fuhr auf französisches Staatsgebiet und ließ die fröhlichen Polizisten hinter sich. „So etwas habe ich noch nie erlebt“, meine Michael. „Was ist denn mit denen passiert?“ „Um die Weihnachtszeit gibt es eben vermehrt Wunder“, entgegnete Maria. „Eines der Wunder ist wohl, dass wir bereits 12 Millionen Klicks bei Youtube haben“, meinte Michael weiter. „Die Welt weiß also, dass wir kommen.“

Sie waren auf der Autobahn Richtung Lyon und wollten dann weiter nach Spanien. „Über Gibraltar nach Tanger und dann Richtung Algerien“, überlegte sich Karl-Wilhelm. „Nach Tanger weiß ich nicht, wie es weitergeht, da habe ich wohl in Erdkunde nicht aufgepasst“, brummte er weiter laut denkend vor sich hin. „Wir haben doch Google Maps und Navigationssysteme“, sagten die jungen Reporter, „Keine Sorge, wir finden nach Jerusalem.“

7 Als der Nikolaus im Bundestag hart durchgreifen musste

Karl-Wilhelm war mit seinen Freunden unterwegs in Richtung Spanien. Sie hatten Perpignan gerade hinter sich gelassen, als es ihm gelang, einen deutschsprachigen Nachrichtensender im Autoradio zu empfangen. „Hört mal zu“, rief er seinen Freunden zu, „vielleicht bringen sie etwas über uns.“

„Meine Damen und Herren, es ist zwölf Uhr und sie hören die Nachrichten der Deutschen Welle.

Berlin. Ein seltsames Schauspiel konnten die Besucher des Reichstags heute morgen, am 06.12., dem Nikolaus-Tag, erleben. Ein als Nikolaus verkleideter älterer Herr setzte sich mit ca. 350 Polizisten, die alle als Knecht Ruprecht verkleidet waren, auf die Zuschauer-Tribüne. Schon während des ersten Redebeitrags zum Thema Atommüll-Endlager verbat sich der ältere Herr mit überraschend lauter und weit tragender Stimme, dass in aller Öffentlichkeit irgendwelche Lügengeschichten erzählt werden. Schon gar nicht am Nikolaustag. Der Präsident des Bundestags ordnete daraufhin an, dass die Zuschauertribüne geräumt werden solle. Die herbeigerufenen Polizisten versorgten den Nikolaus und seine 350 Knecht Ruprechte jedoch nur mit warmen Getränken und Weihnachtskeksen. Frau Merkel betrat zu dieser Zeit den Bundestag, allerdings nur, um ihn, nachdem sie den älteren Herren gesehen hatte, laut schreiend wieder zu verlassen. Nachdem sich der Nikolaus und seine Helfer so gestärkt hatten, verließen sie die Zuschauertribüne und setzten sich in den Plenarsaal zwischen die Abgeordneten. Der ältere Herr trat ans Rednerpult und verkündete, dass der nächste, der dem deutschen Volk Lügen erzählen würde, mit der Rute eines Knecht Ruprechts mehrere wohldosierte Hiebe auf den nackten Allerwertesten bekäme. Lautes Gelächter aller Fraktionen war die Antwort. Als Gregor Gysi die Konsequenzen seiner Rede zu spüren bekam, kam allerdings doch wieder mehr Ernsthaftigkeit im Bundestag auf. Kaum war Gysi ans Rednerpult getreten und hatte den Satz verkündet, dass weder er noch seine Partei sich von irgendwelchen verkleideten Herrschaften den Mund verbieten lassen werden, und dass seine Partei schon immer für die Redefreiheit eingestanden habe, standen zwei recht groß gewachsene und imposante Knecht Ruprechte neben ihm. Gysi suchte sein Heil in der Flucht quer durch die Reihen der Abgeordneten, wobei diesem kleinen und dicklichen Herren niemand eine derartige Fluchtgeschwindigkeit zugetraut hätte. Erst als ein SPD-Abgeordneter ihm das Bein stellte, konnte er von den Knecht Ruprechten wieder einfangen werden. Er wurde bäuchlings über das Rednerpult gelegt, seiner Hosen entledigt und unter großem Beifall der anderen Parteien bekam er die vom Nikolaus angekündigten Rutenhiebe auf den nackten Hintern.

Ein völlig unbekannter parteiloser Abgeordneter nutzte die Ratlosigkeit der etablierten Parteien und ver-

stand es, mit geschickten Formulierungen ein Gesetz zum Schutz der Kinder vor Süßigkeiten und ein Gesetz zum Schutz der Kinder vor Werbung einstimmig durch den Bundestag zu bringen. Auf seine Frage, ob irgendetwas dagegen spräche, die Schädlichkeit von Süßigkeiten genauso drastisch darzustellen wie die von Zigaretten, konnte jeder andere Abgeordneter, angesichts der neben ihnen sitzenden Knecht Ruprechte, natürlich nur bestätigen, dass dem nichts entgegenstünde. Und so ist es ab morgen Pflicht für die Hersteller von Süßigkeiten, auf jeder Packung wahlweise ein Nacktfoto von Cindy aus Marzahn oder Ottfried Fischer aufzudrucken. Werbung für Kinder im Fernsehen darf ab sofort nur noch morgens zwischen 2.30 und 2.31 Uhr gesendet werden. Die Süßigkeiten, die Kindern als sogenannte Quengel-Ware in Augenhöhe an den Kassen von Supermärkten angeboten und von diesen genommen werden, müssen von den jeweiligen Supermarktleitern selbst sofort verspeist werden. Eine Meinungsumfrage, die unter 1000 repräsentativen Wählern durchgeführt wurde, zeigt, dass 80 % der Bundesbürger den Nikolaus zum Bundespräsidenten wählen würden.

Paris. Sarkozy hat das deutsch-französische Verhältnis schwer belastet mit seiner Aussage, dass Deutschland gefälligst seine durchgeknallten Busfahrer behalten solle und dass dieser mit seinem ausländischen Asylanten niemals französischen Boden betreten werde. Ein Journalist machte ihn daraufhin darauf aufmerksam, dass der durchgeknallte Busfahrer inzwischen fast in Spanien sei und dass der ausländische Asylant ein von der UNO anerkannter Botschafter sei. Sarkozy warf daraufhin der Opposition einen Komplott vor und kündigte an, den Ausnahmezustand über Frankreich verhängen zu wollen, um ausländischen Mächten, die die Sicherheit seiner Nation gefährden wollen, mit ganzer Härte begegnen zu können. Frau Merkel hat nach letzten Verlautbarungen dazu keine Stellung genommen, hat aber deutlich zu verstehen gegeben, dass sie keinesfalls über Nikoläuse sprechen werde.

München. Mehrere Weihnachtslastwagen der Firma Coca-Cola wurden von großen Familienverbänden gestürmt. Die Getränke wurden ausgeräumt, dafür wurden die LKWs mit Stollen und anderem Weihnachtsgebäck beladen. Die Fahrer, verkleidet als Weihnachtsmänner, wurden in ordentliche Nikolaus-Kostüme gesteckt und auf die Dächer wurden große Fahnen geschweißt. Auf diesen sind drei Palmen zu sehen, unter denen zwei Kinder spielen, und über den Palmen sind kleine Diamanten. Gerüchten zufolge ist das die Flagge von Tongalesien, ein völlig unbekannter und winziger Wüstenstaat in der Nähe von Mali.

Tongalesien. Mächtige Nachbarstaaten des kleinen und völlig unbewaffneten Tongalesien wollten die Abwesenheit von König Jawaad, welcher gleichzeitig Botschafter seines Landes und Hausmeister bei der schweizerischen Botschaft in Berlin ist, nutzen, um sich den Zwergenstaat einzuverleiben. 500 gut ausgerüstete und bis an die Zähne bewaffnete UN-Soldaten mussten tatenlos zusehen, wie eine Übermacht von 40 afrikanischen Soldaten, mit Buschmessern und größtenteils barfuß, das kleine Land besetzten. Die Besetzung dauerte jedoch nur eine halbe Stunde. Als die Soldaten erfuhren, in welches Königreich sie da eingedrungen waren, verprügelten sie ihre Offiziere und erklärten diesen, dass man so mit einem heiligen Mann und friedlichen Einwohnern nicht umgehe. Bei ihrem anschließenden Rückzug warfen sie die UN-Soldaten gleich mit aus dem Land, nachdem sich die Einwohner von Tongalesien darüber beschwert hatten, dass ihr ganzes kleines Land mit Landrovern der UN zugeparkt sei, überall Zigarettenkippen von den UN-Soldaten herumlägen und diese ständig das Wasser der Oase zum Autowaschen verbrauchen würden.

Die nächsten Nachrichten hören sie auf diesem Sender um 13.00 Uhr. Hier folgt nun eine Diskussion der Polizeigewerkschaft, des Bundes deutscher Beamten und Vertretern des Dachverbandes der Verbände der Weihnachtsmarktbetreiber zum Thema: „Brauchen wir Mindestlöhne für Knecht Ruprechte oder wird es die Marktwirtschaft aus eigener Kraft schon richten?“

„Na ja“, meinte Gabriel, „nicht direkt über uns, aber es scheint sich ja etwas zu tun. Und Du, Jawaad, bist wirklich König, Botschafter und Hausmeister?“ „Ja“, meinte der Angesprochene, „unser Land ist so klein, da hat jeder mehrere Aufgaben. Und mit dem Geld, das ich als Hausmeister bei der Schweizer Botschaft in Berlin verdiene, bezahlte ich die Miete für die Räume der tongalesischen Botschaft.“

Sie fuhren völlig unbehelligt über die Grenze nach Spanien. Das nasskalte Wetter hatten sie inzwischen weit hinter sich gelassen.

8 Gabriel erzählt die Weihnachtsgeschichte

Sie wollten die spanische Küste entlangfahren bis Gibraltar. Inzwischen machten sich die Beiträge über ihre Reise und die Menschen, die sie kennen gelernt hatten, bemerkbar. An einer Tankstelle winkten ihnen andere Reisende zu, veranstalteten wilde Hupkonzerte, klopften ihnen auf die Schultern und plauderten lachend auf sie in Spanisch ein, was sie leider kaum verstanden. Sie wurden überall erkannt. Der Pächter der Tankstelle wollte kein Geld von ihnen nehmen, sondern beschenkte sie sogar noch mit frischen Früchten, Wurst und Brot. „Ich würde einmal gerne wieder am Feuer sitzen und Hammelfleisch essen", meinte Jawaad, als sie im Verkaufsraum der Tankstelle standen. „Dann kommt mit zu uns, ihr seid herzlich eingeladen", tönte eine tiefe Bassstimme hinter ihm. Da stand ein von der Sonne verbrannter, rundlicher Herr, der blitzend mit Goldzähnen lachte. „Wir wollen ihnen keine Umstände machen, wir sind auch noch ein paar Personen mehr", entgegnete Jawaad. „Oh, das macht nichts, wir sind auch eine ganze Menge Personen mehr", erwiderte der rundliche, braungebrannte Herr. „Sehen sie da draußen den Traktor? Dem fahren sie jetzt einfach hinterher mit ihrem Bus. Sie sind meine Gäste, da gibt es keine Widerrede." Und schon war er draußen und kletterte auf einen riesigen, modernen Traktor.

„Sieht aus, als könnten wir so viel Gastfreundschaft nicht widerstehen“, meinte Karl-Wilhelm, sammelte seine Mitreisenden ein und fuhr dem Traktor langsam hinterher. Es ging weg von der Autobahn, ins Hinterland. Durch enge Dörfchen, durch deren Gassen der Bus gerade noch so durch kam. Die Gegend wurde einsam, links und rechts waren nur noch große Weizenfelder zu sehen. Nach einer halben Stunde bog der Traktor in einen schmalen Feldweg. Karl-Wilhelm runzelte die Stirn und manövrierte seinen Bus vorsichtig den holprigen Weg entlang. Nach weiteren 10 Minuten wurde am Horizont ein Zirkuszelt sichtbar, mit vielen Wohnwagen und Zugfahrzeugen sowie weiteren kleineren Zelten drum herum. Eine richtige kleine Stadt.

„Na, jetzt bin ich ja gespannt, hoffentlich hat sich die Fahrt gelohnt und die wollen uns nicht nur irgendetwas verkaufen“, murmelte Georg, der Kameramann. „Pack' Deine Kamera weg“, meinte Maria. „Wir sind als Gäste eingeladen und da wäre es doch unhöflich, einfach Menschen in ihrer Privatsphäre zu filmen.“ Der Herr, der sie eingeladen hatte, war von seinem Traktor gesprungen und zeigte ihnen mit Gesten an, wo sie den Bus abstellen sollten. Innerhalb weniger Sekunden war der Bus von Kindern in allen Hautfarben, Frisuren und unterschiedlichsten Verschmutzungsgraden umschwärmt und Karl-Wilhelm hatte große Sorgen, nicht einem von ihnen beim Rangieren zu nahe zu kommen.

Dann stand der Bus zur Zufriedenheit des runden braungebrannten Mannes und die Reisenden stiegen aus. „Herzlich willkommen in meinem Zirkus!“ dröhnte der Herr, „Ich bin Zirkusdirektor Schnuggenagg. Das ist meine große Familie, ein paar von den kleinen sind meine Kinder, willkommen in meinem Reich. Wir wissen alles über euch, wir schauen jeden Tag in Youtube, was passiert ist. Wo ist der Mann mit der Kamera? Nehmt alles auf, die Welt soll wissen, dass ihr bei uns ward und alle können wissen, wie schön wir leben!“

Die Zirkuskinder hatten inzwischen Sheherazade entführt. Menschen aus der ganzen Welt umstanden die Reisenden und redeten in allen möglichen Sprachen und Dialekten auf sie ein. „Rani“, rief der Zirkusdirektor wieder, „Dieser stolze Mann aus Afrika möchte endlich wieder etwas Richtiges essen. Ich glaube, er sagte Hammelfleisch. Und zu den Busfreunden gewandt prahlte er stolz: „Rani, dieses prächtige Weib da drüben, müsst ihr wissen, ist meine Frau. Kocht gut, aber ist sehr streng mit mir. Deswegen fahre ich zum Zigaretten kaufen auch immer bis an die Tankstelle und sage ihr, ich müsse etwas am Traktor reparieren lassen“, raunte er dann noch ganz leise.

Alleine oder in Gruppen schlenderten die Freunde zwischen den Wohnwagen und Zelten umher, versuchten fremde Sprachen zu verstehen, selbst Fragen zu stellen oder Antworten zu geben. Ein breitschultriger blonder Mann kam auf Karl-Wilhelm zu und meinte: „Dein Bus muss umgebaut werden, damit ihr damit auch wirklich reisen und leben könnt.“ „Wie meinen Sie das, umgebaut?“, fragte Karl-Wilhelm erstaunt. „Na, Vorhänge,

Betten, Küche, Toilette.“ Ein weiterer Mann stand auf einmal neben ihnen, deutete mehrmals auf den Bus und auf Karl-Wilhelm und sagte etwas in einer Sprache, die Karl-Wilhelm nicht verstand. „Er meint“, sagte der Blonde, „Du brauchst auch einen richtigen Direktoren-Sitz. Schließlich ist jemand, der bis nach Jerusalem fährt, um sich zu entschuldigen, ein Ehrenmann.“

„Und Sie können das?“, meinte Karl-Wilhelm, mehr im Spaß. „Ich heiße Victor, aus Polen“, stellte sich der blonde Mann vor. „Ich habe in Polen russische Panzer und Traktoren repariert, ich habe in Sibirien Holzhäuser gebaut, ich habe in Afghanistan zuerst russische Panzer repariert, dann amerikanische. Dann habe ich Panzer zu Traktoren umgebaut. Gute Idee, bringt aber nichts, die sind zu schwer und brauchen zu viel Diesel. Ich habe an alten Antonows herumgeschraubt, bis sie wieder flogen, ich kann alles reparieren und bauen. Und was ich nicht konnte, habe ich beim Zirkus gelernt. Lass’ mich nur einmal machen.“

Victor lief zum Bus, stieß einen gellenden Pfiff aus und weitere Männer in Overalls tauchten auf und machten sich an Karl-Wilhelms Bus zu schaffen. Er musste schlucken, wagte aber auch nicht zu widersprechen. Er hoffte einfach, dass das alles gut ging. Um nicht mit ansehen zu müssen, was mit seinem Bus geschah, ging er zur großen Zirkuskuppel, in der anscheinend die Artisten übten.

Der Nachmittag verging, über einem großen Feuer drehte sich langsam ein großer Hammel und Jawaad stand mit glücklich funkelnden Augen daneben. Karl-Wilhelms Bus war inzwischen in viele Einzelteile zerlegt worden und er war sich nicht mehr ganz so sicher, ob dieses Puzzle jemals wieder fahren würde. Es wurde ruhiger auf dem Zirkusgelände und Karl-Wilhelm wollte sich irgendwo auch ein wenig ausruhen, vielleicht ein Nickerchen machen, als auf einmal eine völlig aufgelöste Maria neben ihm stand. „Sheherazade schläft bei den Löwen“, sagte sie. „Das ist doch nicht schlimm“, meinte Karl-Wilhelm. „Ich meine im Käfig, zwischen den Löwen, und die schlafen auch gerade.“ „Im Käfig?“, fragte Karl Wilhelm ungläubig. Maria nickte nur.

Sie liefen bis zum Löwenkäfig, die letzten Schritte allerdings betont leise. Zwischen den riesigen Tatzen einer Löwin, umringt von deren Jungen, schlummerte Sheherazade. Und im Käfig waren noch drei weitere ausgewachsene Löwen. Die nicht schliefen. Karl-Wilhelm ging langsam wieder zurück und rannte dann los, um Schnuggenagg zu suchen. Auch ihm musste er mehrmals erklären, was passiert war, selbst der erfahrene Zirkusdirektor konnte es nicht glauben.

Der Löwendompteur, Schnuggenagg, Maria und Karl-Wilhelm standen zusammen vor dem Käfig. „Kann man sie nicht alle betäuben?“, fragte Maria, „Wir müssen doch das Kind da wieder herausholen.“ „Ich habe nur ein Betäubungsgewehr“, sagte der Dompteur, „und ich wüsste nicht, wo wir, außer in Barcelona, weitere Betäubungsgewehre herbekommen. Das dauert sicher einen Tag. Bis dahin ist die Löwin schon lange wieder aufgewacht. Die schlafen im Allgemeinen nur ein oder zwei Stunden am Stück. Wir dürfen nichts machen, was sie aufweckt. Also können wir die anderen Tiere auch nicht aus dem Käfig locken. Wir können sie auch nicht füttern, denn da würden sie keine Fremden in der Nähe dulden." „Wir könnten Sheherazade mit einem langen Stock anstoßen und so wecken", überlegte Schnuggenagg. „Das müssen wir wohl versuchen", meinte auch Maria. Der lange Stock war schnell zur Hand und Maria rüttelte damit an Sheherazades Schulter. Doch diese meinte nur im Halbschlaf, dass sie noch müde sei und weiterschlafen wolle. Den anderen stockte der Atem. Die Löwin öffnete die Augen. Sie blickte die Menschen an, die da vor ihrem Käfig standen, dann das Kind, das neben ihr lag. Dann riss sie ihr Maul auf, zu einem herzhaften Gähnen. Sie schleckte über die nackten Arme des Kindes, schnüffelte kurz an ihr und schlief wieder weiter.

„Das war knapp", murmelte der Dompteur, „ich habe so etwas wirklich noch nie gesehen. Das mit dem Aufwecken geht also nicht." Schnuggenagg war tiefrot angelaufen, und man musste befürchten, dass er vor Aufregung kurz vor dem Herzinfarkt war. „Wie ist sie denn da rein gekommen?", wollte er wissen. Durch die Gitterstäbe passt sie nicht. „Keine Ahnung", meinte Maria, „wir müssen eher überlegen, wie wir sie wieder hier rausbekommen."

„Am besten auf den Arm nehmen", sagte Gabriel, der inzwischen auch dazugekommen war. Niemand hatte die Nachricht von dem Kind weitererzählt, das im Löwenkäfig schlief, man wollte keine Unruhe bei den Tieren erzeugen. „Und wie willst du das machen?", fragte Maria. „Reingehen, die Kleine auf den Arm nehmen und wieder rausgehen", sagte Gabriel in seiner stillen und ruhigen Art. Er stieg die Treppen zur Käfigtür hoch und öffnete das Schloss. „Das ist Wahnsinn", sagte der Dompteur, „sie kennen ihn nicht und werden ihn umbringen."

„Ganz ruhig", sagte Gabriel zu den Löwen, „ich tue euch nichts. Ich will mich nur um das kleine Kind kümmern, damit es in Ruhe ausschlafen kann." Die Löwen schauten Gabriel kurz an, um ihn dann in typisch katzenhafter arroganter Art vollständig zu ignorieren. Gabriel nahm die kleine Sheherazade auf den Arm, kraulte die schlafende Löwin hinter den Ohren und ging langsam wieder aus dem Käfig. Kaum hatte er die Tür wieder verschlossen, fiel der Dompteur mit einem dumpfen Aufschlag um. „Ohnmächtig geworden", meinte der Zirkusdirektor. „Kann ich gut verstehen und würde ich jetzt auch gerne werden. Kommt, wir haben alle einen Schnaps verdient. Dort drüben ist mein Wohnwagen. Und wo hast du das gelernt?", wollte er von Gabriel wissen. „Ich habe das nicht gelernt", sagte dieser, „ich dachte mir halt, dass das so gehen könnte." Karl-Wilhelm stöhnte kurz auf und Maria verdrehte die Augen zum Himmel.

Der Zwischenfall mit den Löwen war auch für den Autor völlig überraschend. Das hat den Reiseplan jetzt auch etwas durcheinander gebracht. Aber selbst ein Schreiberling kann nicht alles planen, was seine Romanhelden so erleben. Da an diesem Abend alle sehr erschöpft waren, bleiben die Freunde noch einen Tag länger beim Zirkus und wenn nichts dazwischen kommt, erzählt Gabriel morgen die Weihnachtsgeschichte.

9 Gabriel erzählt diesmal wirklich die Weihnachtsgeschichte

Nach den Aufregungen um die kleine Sheherazade, die in den Löwenkäfig geklettert war, um die Tiere zu streicheln und es dann dort so schön fand, dass sie zwischen den Jungen einer Löwin einschlief, genossen die Freunde bei den Zirkusleuten ein wundervolles Abendessen am Lagerfeuer. Ein überglücklicher Jawaad bekam seinen gebratenen Hammel mit vielerlei Zutaten. Die anderen Mitreisenden konnten die verschiedenen Speisen, die ihnen größtenteils völlig unbekannt waren, nur loben. Da aber alle sehr müde waren, ging man recht früh zu Bett, allerdings erst, nachdem sie dem Zirkusdirektor versprochen hatten, noch einen Tag zu bleiben.

Der folgende Tag, ein milder Dezembertag an der spanischen Mittelmeerküste, begann für Karl-Wilhelm und seine Freunde mit einer Überraschung. Sein Bus war von Victor und seinen Helfern in ein gigantisches Wohnmobil umgebaut worden. Karl-Wilhelm konnte es kaum fassen. Von außen mit phantastischen Motiven besprüht, war der städtische Verkehrsbus nun innen sehr wohnlich geworden. Jetzt gab es an den Seitenfenstern und am Heckfenster Vorhänge in hellen Gelb- und Rottönen, es waren mehrere Betten vorhanden, eine kleine Küche und so etwas wie ein Wohnzimmer. Das kahle Metall des Busses war hinter verschiedensten Verkleidungen verschwunden. Überall, wo es zweckdienlich und möglich war, gab es jetzt kleine Schränke und Schubladen. Sein von der Berufsgenossenschaft genehmigter und vorgeschriebener Fahrersitz war verschwunden. Dafür hatte er jetzt einen prächtigen Ledersessel. Karl-Wilhelm konnte sich zwar im ersten Moment nicht vorstellen, dass er in diesem Monstrum einen Bus fahren könne, aber ein erstes Probesitzen zeigte ihm das Gegenteil.

Der Tag verging mit Plaudern, dem Kennenlernen vieler weiterer Zirkusleute und Zuschauen beim Training der Artisten. Besonders interessant fand Jawaad einen Messerwerfer, der ihm von Schnuggenagg vorgestellt wurde. „Seit Jahren sage ich zu ihm, er solle üben“, erklärte ihm der Zirkusdirektor. „Aber nein, der Herr hat das ja nicht nötig. Und wenn er dann doch wieder daneben wirft, behauptet er, dass er das extra mache, damit es spannend bleibt für die Zuschauer.“ „Das ist auch so“, sagte der Messerwerfer, „ich treffe alles, was ich will. Da, wo ich hinschaue, landet auch mein Messer. Wenn Sie es ausprobieren wollen, Herr Botschafter, stellen Sie sich hier an die Wand meines Wohnwagens. Oder haben Sie Angst? Und das siebte Messer wird danebengehen, damit ich weiter mit dem Herrn Zirkusdirektor streiten kann.“ Jawaad wollte kein Feigling sein und stelle sich an die Wand des Wohnwagens. Der Messerwerfer holte sich einen ganzen Stapel Wurfmesser. In einem wahren Trommelfeuer von Würfen, sowohl mit der linken als auch mit der rechten Hand geworfen, blieben diese wenige Millimeter neben den Körperkonturen von Jawaad in der Holzwand des Wohnwagens stecken. Bevor Jawaad richtig erschrecken konnte, war es auch schon vorbei. „Und wo ist jetzt das siebte Messer, das nicht treffen sollte?“, fragten er und Schnuggenagg gleichzeitig. Der Messerwerfer deutete auf den Boden vor Jawaad. Da lag eines der Wurfmesser. „Dieses Messer traf genau in deine prächtige Kopfbedeckung, sagte er zu Jawaad. Da der Stoff aber zu nachgiebig ist, konnte es nicht stecken bleiben und fiel wieder zu Boden.“ „Stimmt“, sagte Jawaad, „ich habe da etwas gespürt.“ „Zufrieden?“, fragte der Messerwerfer den Zirkusdirektor. „Na, mir kannst du ja viel erzählen“, meinte dieser.

An diesem Abend gab es kein Essen am offenen Feuer. Karl-Wilhelm wollte sich für so viel Gastfreundschaft bedanken und hatte das einzige Gericht gekocht, welches er überhaupt kochen konnte. Linseneintopf. Mit Gemüse, Kartoffeln und Speck. Und es war ihm gut gelungen. Als es dunkel wurde, saßen sie alle zusammen im großen Zirkuszelt, genossen das eine oder andere Glas spanischen Weins und unterhielten sich, während die Kinder zwischen ihnen spielten. Eine uralte Frau kam auf Gabriel zu und sagte etwas zu ihm, was die Reisenden nicht verstanden. Wahrscheinlich ein Sinti- oder Roma-Dialekt, dachte Karl-Wilhelm und blickte sich suchend nach jemanden um, der übersetzen konnte. Der Zirkusdirektor kam zu ihnen und erklärte, dass die alte Frau die letzte ihrer Familie sei und einen Dialekt spräche, den auch die Sinti und Roma hier im Zirkus nicht verstehen würden. Es sei schon erstaunlich, dass sie überhaupt spräche. Er habe noch nie gesehen, dass sie einen Fremden anspricht.

„Sie hat mich gebeten, die Weihnachtsgeschichte zu erzählen", sagte Gabriel. „Du hast das verstanden?", fragten die anderen. „Ja, irgendwie schon, ich wusste ja selbst nicht, dass ich diese Sprache verstehe. Sie ist uralt, diese Sprache, das weiß ich eigenartigerweise auch. Aber ich will die Weihnachtsgeschichte, so wie ich sie kenne, gerne erzählen, wenn das auch für die anderen recht ist." Alle nickten eifrig.

Gabriel stellte sich in die Mitte der Arena und begann seine Geschichte. Von einem Zimmermann, der frisch verheiratet war. Mit einer jungen, zarten Frau. Tief im jüdischen Glauben verwurzelt. Und, wie Josef vermutete, entweder ein klein wenig verrückt, oder eine große Mystikerin. Immer wieder sprach sie von Träumen über den Allmächtigen, hatte Visionen und hörte Stimmen. Josef liebte seine Frau über alles und als Jude war ihm die Mystik nicht fremd. Gabriel erzählte vom schweren Alltag der beiden. Wie sie von Sonnenaufgang bis Sonnenuntergang schuften mussten, um das Nötigste zum Leben zu haben. Die Zuhörer konnten die drückende Hitze spüren, die Josef auf den Baustellen als Zimmermann ertragen musste. Sie schmeckten den Staub der unbefestigten Wege und fühlten das Gewicht der Balken auf Josefs Schultern. Sie hörten das Hämmern und Lärmen der anderen Zimmerleute und Bauarbeiter. Sie hatten Durst und spürten nagenden Hunger. Und sie ahnten Josefs Fassungslosigkeit, als ihm Maria sagte, sie sei schwanger, aber nicht von ihm, sondern vom Heiligen Geist. Josef brach der Angstschweiß aus, als sie ihm das abends sagte. Maria erzählte gerne allen und jedem von ihren Phantasien, aber wenn das öffentlich wurde, war sie eine Ehebrecherin, würde gesteinigt werden, ihn würden sie auslachen und aus dem Dorf jagen. Er lag die ganze Nacht wach und wusste nicht, was er mit Maria machen sollte. Er konnte sie ja nicht einsperren, aber auch nicht beaufsichtigen, er musste doch ihr Essen verdienen. Am nächsten Morgen hatte er dann eine Idee. Er wollte den Aufruf zur Volkszählung nutzen, um das Dorf zu verlassen. Alle anderen würden ein kleines Bestechungsgeld bezahlen und sich da registrieren lassen, wo sie gerade waren. Wen interessierte es schon, ob Rom die richtigen Zahlen bekam. Aber Josef wollte zumindest so tun, als sei er ganz ordentlich und an seinen Geburtsort gereist, um sich dort zählen lassen. So waren sie erst einmal weg von der Dorfgemeinschaft, auf der Reise würde er schon dafür sorgen, dass sie alleine waren und in Bethlehem kannte sie ja keiner mehr. Josef musste sich hoch verschulden, um sich einen Esel und Proviant für die Reise kaufen zu können. Seine Nachbarn bezeichneten ihn als Römerfreund, weil er für die Zählung diese Reise auf sich nahm und nicht einfach einen Beamten bestach. Eine der schlimmsten Beleidigungen, die man sich damals vorstellen konnte.

Aber Josef liebte seine Maria und wollte nicht, dass ihr etwas passieren konnte. Gabriel erzählte von den Beschwernissen der Reise. Die Zuhörer fühlen die nächtlichen schneidenden Winde und die stechende Sonne am Tag. Sie spürten Josefs Blasen an den Füßen und die Anstrengung für die inzwischen hochschwangere Maria. Sie fühlten Josefs Angst, wenn sie immer wieder auf römische Soldaten stießen und durchsucht wurden. Sie fühlten Josefs Verzweiflung, wenn Maria in einer Herberge erzählte, dass der Heilige Geist zu ihr gekommen sei und sie Gottes Sohn in ihrem Leib trage. Oft wurden sie dann aus der Herberge geworfen, denn die Menschen hatten entweder Angst vor Verrückten oder wollten mit Gotteslästerern nicht unter einem Dach schlafen. Sie teilten Josefs Sorgen, als diesem das Geld für neuen Proviant ausging und sie immer langsamer vorwärts kamen, da Maria kaum noch auf dem Esel reiten und nur wenige Schritte laufen konnte. Sie waren mit Josef völlig verzweifelt, als sich mitten auf dem freien Feld die Geburt ankündigte und er nur noch bis zu einer kleinen Scheune mit ihr gehen konnte. Er hatte seine Maria doch nur vor den Nachbarn schützen wollen und brachte sie nun in noch größere Gefahr. Josef hatte keine Ahnung von Geburten, das war Frauensache. Und nun erzählte Gabriel, wie er selbst dazukam. Und das Einzige, was ihm damals einfiel, war, nach Hirten zu suchen. Denn Schafe waren in der Nähe gewesen, bevor es dunkel wurde. Er bat Josef, ruhig zu bleiben und Maria nicht alleine zu lassen, er würde Hilfe holen. Josef hatte ihn nur gebeten, nicht auf das verwirrte Gestammel seiner Frau zu achten, und sich für seinen Beistand bedankt. Gabriel rannte also los in die Richtung, wo er die Hirten vermutete. Nach wenigen hundert Metern sah er auch deren Lagerfeuer. Der Umgang mit Hirten, so erzählte Gabriel weiter, war damals nicht einfach. Die Hirten standen ganz unten auf der sozialen Leiter, waren meistens Ausgestoßene und Kriminelle. Vom Hüten der Tiere allein konnten sie nicht leben und so trieb sie der blanke Hunger zum Stehlen und Rauben. Die Hirten waren aber auch eine eingeschworene Gemeinschaft, die Fremde mit der Verachtung straften, die sie selbst immer zu spüren bekamen. So näherte sich Gabriel dem Lagerfeuer der Hirten sehr vorsichtig. Diese bemerkten ihn recht schnell und meinten nur, er solle machen, dass er weiterkäme. Gabriel trat zu ihnen ans Feuer und berichtete, dass etwas weiter weg eine hilflose junge Frau in den Wehen lag. Dass sie Fieber habe und im Delirium wirres Zeug spräche. Und er fragte die Hirten, ob Frauen bei ihnen seien, die sich aufs Gebären verstünden. Bezahlen könnten sie ihnen nichts, mehr als die Dankbarkeit des jungen Paares könnten sie nicht erwarten. So sprach er lange auf die Hirten ein, mit Engelszungen. Die Zuhörer von Gabriel waren auf einmal nicht mehr im Zirkuszelt, sondern auf der Ebene am Lagerfeuer, fröstelnd im kalten Wind. Und während Gabriel auf die Hirten einsprach und ihre Hilfe erflehte, waren sie genauso ungeduldig wie er, denn die Zeit verstrich und Maria lag in den Wehen. Da, wo vorher eine Zirkuskuppel gewesen war, sah man jetzt einen klaren Sternenhimmel und während Gabriel bettelte und bat und an die Menschlichkeit appellierte, welche die Hirten nie erfahren hatte, stand auf einmal der erste Hirte auf. Entweder wir bringen ihn um und rauben ihn aus, meinte dieser, oder wir gehen und helfen. So wie der redet, hört er die ganze Nacht nicht damit auf. Die anderen brummten nur, holten ihre weisen Frauen und kamen mit zu dem kleinen Stall. Im Morgengrauen kam das Kind zu Welt. Wohlbehalten. Die Zuhörer atmeten durch. So hatten sie die Geschichte noch nie gehört. Und die Kamera hatte alles aufgenommen.

Gabriel stand auf. Seine Erzählung hatte mehrere Stunden gedauert. Der Bann seines Vortrags fiel nur langsam von den Zuhörern ab. Der eine oder andere schaute sich etwas unsicher um, als wäre er sich nicht ganz klar darüber, ob er jetzt in einem Zirkuszelt oder auf einer Weide in Palästina sei. Gabriel räusperte sich: „Was Josef und Maria damals nicht ahnen konnten war, dass sich ihr Sohn extremistischen Terrorzellen anschließen würde. Womit der ganze Schlamassel dann begann. Von den Bibelschreibern des neuen Testaments war keiner bei der Geburt dabei. Auch wenn sie es alle so geschrieben haben, als wüssten sie die Wahrheit.“

„Aber du warst dabei, gell, Gabriel?“, fragte die kleine Sheherazade. „Ich weiß, dass es eigenartig klingt“, sagte Gabriel, „aber ich könnte es beschwören.“ Die Reisenden und die Zirkusleute wünschten sich leise eine gute Nacht und gingen nachdenklich auseinander.

10 Der Wanderer zwischen den Welten

Am Abreisetag vom Zirkus träumte Karl-Wilhelm, dass ihn jemand mit heftigem Rütteln an seiner Schulter zu wecken versuchte. Das träumte er so lange, bis er bemerkte, dass das Rütteln real war. Er öffnete völlig verschlafen ein Auge und sah die kleine Sheherazade neben ihm stehen. „Aufstehen“, sagte sie zum ihm, „Du musst mir helfen.“ „Was ist denn passiert?“, meinte Karl-Wilhelm und stolperte hinter ihr her durch den Bus. Sie führte ihn zu dem großen Geldkoffer, den das junge Kamerateam mitgebracht hatte. Diesen hatten sie in den letzten Tagen völlig vergessen und alles aus ihren privaten Geldbeständen bezahlt. Ich kann ihn nicht aufmachen, flüsterte Sheherazade. Karl-Wilhelm langte kurz und kräftig zu und der Koffer war offen. Alles voller Hundert-Euro-Bündel. Sheherazade packte beherzt eine Plastiktüte mit den Scheinen voll. „Was willst du denn mit dem Geld?“ „Rani geben“, war die Antwort der Kleinen, „die Tiere haben Hunger.“ Karl-Wilhelm war etwas beschämt. Wahrscheinlich hatten auch die Menschen des Zirkus manchmal Hunger. Daran hatte er nicht gedacht. Also lief er mit dem kleinen Mädchen leise am frühen Morgen quer über den Zirkusplatz bis zum Wohnwagen von Rani, Schnuggenagg und ihren unzählbaren Kindern. Am Eingang war sogar ein Briefkasten. In diesen stopfte Sheherazade das Geld.

Im Laufe des Vormittags erwachte der Zirkus zum Leben. Man verabschiedete sich von den neu gewonnenen Freunden und der Bus setzte sich Richtung Gibraltar in Bewegung. Dort angekommen, erfolgte zuerst einmal der obligatorische Besuch des Kamerateams im nächsten Internet-Cafe und allgemeines Einkaufen. Nachdem alles besorgt war, trafen sich die Reisenden wieder im Bus. „Wir müssen uns etwas mit dem Geld überlegen“, sagte Jawaad. „In Marokko gibt es hin und wieder Geldautomaten, in Algerien wahrscheinlich nicht. Aber wir haben ja noch den Geldkoffer des Fernsehsenders.“ „Nein, sagte die kleine Sheherazade sehr bestimmt, „der Koffer ist nur für wichtige Dinge.“ Und Karl-Wilhelm erzählte den anderen, dass sie dem Zirkus etwas Geld dagelassen hatten, damit dieser gut über den Winter käme. Die anderen waren durchweg einverstanden. Danach gingen sie alle noch einmal in die Stadt zu Geldautomaten, um mit möglichst viel Bargeld, soweit es ihre privaten Verhältnisse zuließen, unabhängig von Technik und Banken zu sein.

Nach ein paar Formalitäten im Hafen rangierte Karl-Wilhelm den großen Bus auf eine Fähre und die Reisenden gingen auf eines der oberen Decks, um die Überfahrt zu genießen. Sie wurden von vielen erkannt, man winkte ihnen zu oder begrüßte sie per Handschlag. Einer der Matrosen kam auf sie zu und fragte in gebrochenem Englisch, ob er sich dazusetzen dürfe. Sie luden ihn zu sich an einen großen Tisch ein, erzählten von belanglosen Dingen, bis der Matrose sie fragte, ob sie für ihn in Jerusalem nach einer Lösung fragen könnten. Die Reisenden waren erstaunt. Für ihn nach einer Lösung fragen, darunter konnten sie sich nichts vorstellen. „Die ganze Welt kennt euch“, sagte er, „ihr seid heilige Männer, ihr seid über alle Grenzen gekommen, obwohl der Staat und die Polizisten dagegen waren. Ihr seid auf einer schweren Reise, nur für eine Entschuldigung wollt ihr durch Algerien, Tunesien und Libyen fahren. Und ich habe so ein schlechtes Gewissen, seit vielen Jahren. Lasst mich euch meine Geschichte erzählen.

Meine Mutter war Spanierin, mein Vater Marokkaner. Früher war es an dieser Grenze nicht so schwer wie heute. Und so lebten die beiden mal auf der einen Seite, mal auf der anderen Seite des Meeres. Beide sind lange tot, ich bin ja auch nicht mehr der Jüngste. Aber meine Eltern haben es fertig gebracht, dass ich sowohl die spanische als auch die marokkanische Staatsbürgerschaft habe. Kein Staat weiß vom anderen. Ich habe auch zwei Wohnsitze. Und, ob ihr's glaubt oder nicht, ich habe auch zwei Ehefrauen und mit diesen beiden je 4 Kinder. Eine in Tanger und eine in einem kleinen Dorf bei Gibraltar. Die eine darf nicht nach Spanien, die andere will nicht nach Marokko. Es gibt also nie ein Problem. Und ich liebe es, jeden Tag die Kulturen zu wechseln. Ich bin auch gut darin. Jeder Marokkaner hält mich für einen Landsmann und jeder Spanier hält mich für den seinen. Geldsorgen habe ich auch keine, denn als einer, der in beiden Staaten leben kann, hat man beträchtliche Möglichkeiten. Ich arbeite hier auf der Fähre, habe also immer einen Grund, gerade einmal nicht da zu sein.

Beide Kulturen sind auch sehr ähnlich. In Spanien gehe ich in die Kirche, wenn Weihnachten ist, in Marokko gehe ich in die Moschee und feiere das Fastenbrechen. Solange man sich an die Regeln hält, kann man gut in beiden Kulturen leben. Wenn die Religionen in beiden Staaten weniger zu sagen hätten, könnte man noch besser leben. Aber das ist ein Wunschtraum. Hier wie dort ist es wichtig, dass die Nachbarn nichts Schlechtes denken. In meiner europäischen Welt hat der Staat einiges an Fürsorge übernommen, drüben in Afrika ist die Familie wichtiger. Auf der einen Seite habe ich Töchter, die unbedingt ein Kopftuch tragen wollen, auf der anderen Seite habe ich Töchter, denen nichts heilig ist. Wenn ihr euch die verschiedenen Sprachen und die verschiedenen Religionen wegdenken würdet, ich sage euch, es gäbe kaum einen Unterschied.

Aber ich habe ein großes Problem. Ich habe bei meiner Lebensplanung etwas vergessen. Ich kann nur einmal sterben, nur einmal beerdigt werden. Ich sehe nur zwei Auswege, die aber keine richtige Lösung sind: Entweder, ich gehe auf hoher See über Bord, dann bin ich für meine beiden Familien einfach vermisst und irgendwann werde ich für tot erklärt, oder ich verschwinde beizeiten in die weite Welt. Was ich auch tue, es ist falsch und schmerzhaft für meine Lieben. Selbst wenn ich meinen Frauen gestehe, dass es jeweils eine andere gibt, wird das kein schönes Ende nehmen, ich habe beide zutiefst verletzt."

„Und was können wir für Dich tun?“, fragte Maria, die mit gerunzelter Stirn zugehört hatte. „Dich bei Deinen Frauen verpfeifen?“ „Nein, das bitte nicht“, sagte der Matrose. Er schaute Jawaad, Karl-Wilhelm und Gabriel an. „Ich weiß, dass diese Frau, nachdem, was sie gehört hat, auch auf mich böse ist. Aber ihr Männer werdet mich besser verstehen. Manchmal kann sich ein Mann einfach nicht entscheiden. Wenn ihr nach Jerusalem kommt, fragt bitte um Rat für mich. Am besten, ihr bringt einen Rabbi, einen Imman und einen Priester an einen Tisch. Ehen werden im Himmel geschlossen, und alle drei zusammen werden eine Lösung finden. Eine gute Lösung. Das, was diese drei zusammen entscheiden, werde ich dann tun. Hier ist eine meiner Adressen, meinte der Matrose noch, und gab ihnen einen kleinen und schmutzigen Notizzettel. Schreibt mir die Entscheidung, wenn ihr sie habt, ich bin euch einen großen Gefallen schuldig, aber jetzt muss ich wieder etwas arbeiten.“ Sprach es und verschwand in der unübersichtlichen Menge der Mitreisenden auf dem Fährschiff.

„Na so was“, meinte Gabriel, „aber wir werden schauen, was wir für ihn tun können.“

11 Gabriels Geschichte

Sie fuhren mit dem Bus, nachdem sie die Fähre verlassen hatten, langsam durch das Verkehrsgewühl von Tanger. Jawaad stellte sich vorne neben Karl-Wilhelm, welcher wie immer den Bus steuerte. „Wenn wir aus der Stadt sind, löse ich dich gerne einmal beim Fahren ab. Du machst das jetzt schon seit Deutschland“, sagte er zu Karl-Wilhelm. „Hast du denn einen Bus-Führerschein und eine Personenbeförderungserlaubnis?“, war seine Frage. „Selbst wenn ich so etwas hätte, würde uns hier kein Mensch danach fragen. Aber ich habe schon Lastwagen gefahren, mach dir also keine Sorgen. Und wir müssen noch etwas viel Wichtigeres besprechen: Die Grenze zwischen Marokko und Algerien ist geschlossen. Wir können ganz nach Süden fahren und dann versuchen, über Mali, Niger und den Sudan nach Saudi-Arabien zu kommen und dann wieder hoch nach Norden. Das ist aber sehr weit und in vielen der Regionen, die wir dann durchfahren, herrscht Krieg. Wir müssen uns also entscheiden, ob wir über eine geschlossene Grenze fahren und dann irgendwie durch Libyen, was irgendwie unmöglich klingt, oder einen großen, aber gefährlichen Umweg machen, was auch nicht gerade klug wäre. Und vor allen Dingen sollte nicht mehr die ganze Welt wissen, wo wir sind. Also entweder keine Youtube-Beiträge mehr, oder nur noch etwas verfälschte Meldungen.“

Karl-Wilhelm schaute Jawaad etwas ratlos an. „Was würdest du vorschlagen?“ fragte er ihn. „Ich“, sagte Jawaad, „würde versuchen, direkt durch Algerien und Libyen zu kommen. Ist auch nicht einfach, aber schneller. Auf unseren Diplomaten-Status können wir uns nicht mehr so sehr verlassen, hier in Nordafrika zählen andere Werte. Und ich bin dafür, dass wir über Youtube verbreiten, dass wir auf der Küstenstraße nach Osten fahren bis Saida an die algerische Grenze. In Wirklichkeit fahren wir aber zunächst nach Süd-Osten Richtung Figuig und versuchen, die Grenze in der Wüste auf alten Nomaden-Wegen nach Beni Ounif, das liegt schon in Algerien, zu überschreiten."

So fuhren sie also auf der N16 etwas nach Osten, um dann auf die N17 nach Süden zu wechseln. Am späten Nachmittag, sie mussten wieder tanken, besorgten sie in der Stadt Bouarfa noch Proviant, viel Trinkwasser und so viele Kanister Diesel, wie sie irgendwie im Bus unterbringen konnten. Ihre Handys hatten jetzt kaum noch Verbindung und so war eine weitere wichtige Investition ein Satelliten-Handy, über welches sie auch ihre Youtube-Beiträge mitten in der Wüste übermitteln konnten und vor allen Dingen ein Navigationssystem zur Verfügung hatten.

Inzwischen hatte Jawaad das Fahren übernommen und bis zur Dämmerung waren sie bis nach Figuig gekommen. Sie stellten den Bus am Rande des kleinen Dorfes ab und bereiteten ihr Abendessen vor. Als sie alle an einem kleinen Lagerfeuer saßen und den lauen Abend genossen, fragte Maria auf einmal: „Gabriel, wo kommst du eigentlich her, wer bist du denn? Du hast bisher nichts über dich erzählt."

Gabriel schaute ins Feuer und sagte: „Da gibt es auch nicht viel zu erzählen, aber das, was ich weiß, werde ich gerne berichten. Mein Leben beginnt eigentlich damit, dass ich mit einem dicken Verband um den Kopf in einem Krankenhaus aufgewacht bin. Ich wusste sofort, dass etwas nicht mit mir stimmte, denn ich erkannte zwar alles aus der Gegenwart, wusste also, was ein Bett und ein Krankenhaus ist, konnte mich aber nicht an ein Gestern erinnern. Die Ärzte haben mir dann erklärt, dass ich unter Gedächtnisverlust leide. Sie erklärten mir weiter, dass ich bei meinem Beruf als Türsteher einer bekannten Münchner Diskothek von jemandem angeschossen worden sei. Ein Kopfschuss, welcher aus unerklärlichen Gründen an meinem Schädelknochen abgeprallt sei, aber für eine Gehirnerschütterung und tiefe Bewusstlosigkeit gesorgt habe. Ich hatte nur die Kleider bei mir, die ich gerade trug, einen Pass des Vatikans und einen alten Schwertgriff. Ich fragte mich dann bei den Ärzten und der Polizei durch, so dass ich die Diskothek und meinen alten Arbeitgeber wiederfand. Und zunächst arbeitete ich als Türsteher weiter. Aus mir unbekannten Gründen kann ich ganz gut erkennen, ob jemand die Wahrheit sagt. Und ich kann ein paar uralte Sprachen lesen und selbst sprechen. Die Ärzte meinten, dass solche Sonderbegabungen nach Schädigungen des Gehirns manchmal auftauchen. Es gibt verbürgte Berichte über Menschen, die nach Kopfverletzungen auf einmal Rechengenies waren. Ich scheine mehr zu den Sprachgenies zu gehören, zumindest was alte Sprachen betrifft. Und das mit dem Erkennen, ob jemand die Wahrheit sagt, schreibe ich eher einer angeborenen Intuition zu.

Mit meinem Arbeitgeber, dem Besitzer der Diskothek, war ich nicht ganz glücklich. Er wollte eigentlich, dass er Besucher hatte, die viel Geld ausgaben. Ob die dann die Wahrheit sagen würden, war ihm egal. Eines Tages tauchten zwei Amerikaner bei mir auf und nach einem längeren Gespräch fragten sie mich, ob ich für die CIA arbeiten wolle. Mein Talent, die Wahrheit zu erkennen, sei ihnen viel wert. Ich bekäme ein großes Gehalt und mit sofortiger Wirkung die amerikanische Staatsbürgerschaft. Eigentlich interessierte mich weder die amerikanische Staatsbürgerschaft noch das Geld. Aber neugierig war ich schon. Also flog ich mit den beiden in die USA, vermisst hat mich bisher niemand. Allzu viele Freunde scheine ich in meinem Leben vor dem Unfall nicht gehabt zu haben. In den USA wurde ich unter die höchste Geheimhaltungsstufe gestellt und musste Gefangene verhören. Auch in Guantanamo. Das war furchtbar. Noch erschreckender als der Umgang mit den Menschen in den Gefangenenlagern war für mich, dass die Leute von der CIA nicht die eigentliche Wahrheit hören wollten, sondern nur eine Bestätigung der Wahrheit, die sie selbst gerade hören wollten.

Irgendwann habe ich es nicht mehr ausgehalten und bin geflohen. Zurück nach Deutschland. Wo mich sonderbarer- und traurigerweise immer noch niemand vermisst oder sucht. Nach den Unterlagen der Polizei hat niemand eine Vermisstenmeldung aufgegeben, die auch nur ansatzweise auf mich passen würde. Und als ich dann an einem dunklen, nasskalten Winterabend auf dem Weg in meine einsame und leere Wohnung war, und Karl-Wilhelm durchsagte, dass er nach Jerusalem wolle, kam ich einfach mit. Das ist schon alles, mehr weiß ich nicht von meinem Leben."

Die anderen schauten ihn still an. Da trat plötzlich ein Mann in marokkanischer Tracht zu ihnen ans Feuer, lächelte sie alle an und begrüßte sie höflich mit a salaam aleykum. Jawaad stand sofort auf und erwiderte den Gruß mit aleykum a salaam. Die weitere Unterhaltung wurde in Arabisch geführt und den anderen Reisenden aus Höflichkeitsgründen nicht übersetzt.

Jawaad führte ehrerbietig die Hand des Mannes an seine Stirn und küsste anschließend den Handrücken. „Verzeih' bitte meinen Mitreisenden, dass sie so unhöflich und respektlos sind und einem würdigen Mann keine Ehre erweisen und sitzenbleiben. Ich bin beschämt für sie", sagte Jawaad zu dem Fremden. „Sei nicht so streng mit ihnen", meinte dieser, „es sind Fremde, woher sollen sie es wissen." Jawaad senkte trotzdem peinlich berührt die Augen und fragte den Mann: „Darf ich Dich zu unserem bescheidenen Feuer einladen und unser Essen und Trinken mit Dir teilen?" „Ich nehme dankend an", antwortete dieser, „mein Weg ist lang und beschwerlich. Ich möchte euch aber nicht zu einer Last werden." „Ich sehe, du gehörst zur Bruderschaft der Al-Murabitun“, sprach Jawaad weiter. „Eine doppelte Ehre, Dich an unser Feuer zu bitten.“

12 Der Orden der Al-Murabitun

Ihr neuer Gast, der so unerwartet abends bei ihnen am Lagerfeuer aufgetaucht war, erwies sich als ruhiger, stets höflicher älterer Mann. Er sprach zwar nur arabisch, unterhielt sich aber über Jawaad mit allen von ihnen. Er fragte nach ihrer Herkunft und ihrem Ziel, hörte sehr interessiert ihre Antworten an und vor allen Dingen Gabriels Geschichte ließ er sich ausführlich erklären. Jawaad erklärte den Reisenden, dass der Fremde ein Suffi sei, der einem ganz besonderen Orden angehöre. Sein Name sei Yasar.

Als er hörte, dass sie die Grenze nach Algerien überschreiten wollten, schüttelte er nur bedauernd den Kopf. Er wüsste nicht, wie das gehen sollte. Nur Kamele und ein paar Nomaden seien in den letzten Jahren von Marokko nach Algerien gekommen. Er lud sie aber in das alte Suffi-Kloster ein, das er und seine Brüder der Al-Murabitun bewohnten. Vielleicht könne man dort besser darüber nachdenken, wie sie nach Jerusalem kämen. Hier in der Nähe der Grenzen würden sie nur die Aufmerksamkeit der Zöllner auf sich ziehen.

Sie folgten der Einladung des Suffis und fuhren am nächsten Tag, den Anweisungen von Yasar folgend, in eine bergige Region. Die Straßen wurden zu Schotterpisten und bald waren auch diese zu Ende. Sie parkten den Bus, nahmen reichlich Proviant und Wasser mit und folgten Yasar zu Fuß einen steilen Pfad hinauf. Es war zwar Winter, aber das Gepäck und die Sonne forderten ihren Tribut und sie mussten immer wieder eine Rast einlegen. Yasar schien das alles nichts auszumachen. Obwohl er auch nicht mehr der Jüngste war, schritt er zügig voran, erzählte die ganze Zeit, was wiederum Jawaad, völlig außer Atem, übersetzen musste, und freute sich sichtlich über die unerwarteten Gäste in seinem Kloster.

Nachdem alle schon nicht mehr daran glaubten, irgendwo anzukommen, und am Ende ihrer Kräfte waren, standen sie auf einmal vor einer kleinen Tür, die mitten in eine Felswand gehauen war, welche ihren Weg versperrte. Yasar klopfte mit einem Stein recht heftig an die eiserne Tür, was ein unheimliches Getöse verursachte, zuckte die Schultern und sagte etwas zu Jawaad. Alt und taub, übersetzte Jawaad dessen Worte, und nicht mehr empfänglich für den Lärm der Welt.

Nach ein paar Minuten öffnete sich die Tür und ein steinalter Mann in der Kleidung eines Derwischs stand auf der Schwelle. Er war sichtlich verblüfft, schaute Yasar an, dann die Reisenden, dann Jawaad und rief auf einmal auf Deutsch: Yasar bringt Gäste aus Europa mit, das wurde nach 40 Jahren aber auch einmal wieder Zeit. „Willkommen, willkommen, tretet ein, seid unsere Gäste." Er sprach nicht nur deutsch, er sah auch ziemlich deutsch aus mit seinen hellen Haaren und glattrasiertem Gesicht. „Mein Name ist Max Hinterhuber, aus Rosenheim, das ist bei München", fuhr er fort. „Wie kommt ihr denn in diesen Teil der Welt?"

Yasar sagte etwas auf Arabisch zu ihm. Max wurde still, lachte aber weiter mit blitzenden Augen. Er ging voran in eine ganz aus dem Fels gehauene und sehr beeindruckende Klosteranlage. Von außen hatte man nur einen großen Berg gesehen. Die kleine Sheherazade, anders als die Erwachsenen vom Aufstieg nicht völlig erschöpft, hüpfte an allen vorbei bis vor zu Max und nahm dessen Hand, was den Alten sichtlich rührte. Yasar besprach sich noch einmal mit Max und verabschiedete sich dann, um anderen Verpflichtungen nachzukommen, Max zeigte ihnen ihre Unterkünfte. Sie verabredeten, den Rest des Nachmittags zu ruhen und sich dann nach Sonnenuntergang zu einem gemeinsamen Abendessen zu treffen.

Die Reisenden legten sich in den kleinen Zimmern erleichtert auf die einfachen Pritschen und konnten sich nach dem Aufwachen kaum regen, da sich bei allen von dem ungewohnten Aufstieg zum Kloster ein starker Muskelkater ankündigte.

Max holte sie ab und brachte sie in einen großen Speisesaal, in welchem bei Kerzenschein schon eine große Zahl weiterer Suffis auf sie wartete. Die Gesichter ließen vermuten, dass die Suffis aus allen Teilen der Welt stammten. Alle kamen auf sie zu, um sie auf das Herzlichste in unterschiedlichsten Sprachen zu begrüßen. Ein Japaner machte seiner Kultur und Erziehung entsprechend nur eine knappe Verbeugung, von anderen wurden Frauen wie Männer herzlichst auf beide Wangen geküsst.

Nachdem alle Platz genommen hatten, wurde ein einfaches, aber sehr schmackhaftes Cous-Cous serviert, wobei sich immer 10 eine große Schüssel teilten und alle mit den Fingern und einem Stück Fladenbrot als kleine Schaufel aßen. Unser erstes richtiges afrikanisches Essen, meinte Jawaad strahlend. Karl-Wilhelm bemerkte, dass es nicht einfach sei, so zu essen, vor allen Dingen, da das Cous-Cous heiß war und die Hirse immer wieder zwischen den Fingern zerbröselte. Aber irgendwann waren dann doch alle satt.

Nach dem Essen setzte sich Max zu ihnen. „Yasar lässt fragen, ob er euch die Geschichte der Al-Murabitun und der Suffis erzählen soll, und wenn ihr ihm eine große Freude machen wollt, bittet ihn zu erzählen. Ich werde übersetzen. Das macht er sehr gerne, als unser Sheikh ist es seine Aufgabe, und er kann es wirklich gut." Die Reisenden waren natürlich neugierig darauf, zu erfahren, wo sie da jetzt zufällig angekommen waren und ließen Max ausrichten, dass sie sehr gerne erfahren würden, was es mit den Al-Murabitun und den Suffis auf sich habe.

Yasar stellte sich in die Mitte des Saales, ein Gong ertönte und es wurde sehr still. Nicht nur die Reisenden warteten gespannt, sondern auch die Aufmerksamkeit der anderen Suffis war auf ihren Sheikh gerichtet, so, als würden sie diese Worte zum ersten Mal hören.

„Der Suffismus ist älter als der Islam", begann Sheikh Yasar seine Erläuterungen. „Erste Wurzeln sind aus Indien überliefert. Wir suchen eine unmittelbare Beziehung zu Gott, oder zu seinem höheren Wesen, das lässt sich mit Worten schlecht beschreiben. Manche von uns fallen bei der Suche nach dieser unmittelbaren Beziehung in eine Trance. Das ist ein Effekt, aber nicht das Ziel. Unsere neuen Gäste werden die tanzenden Derwische aus der Türkei kennen, oder auch die Suffis, die sich Schmerzen zufügen, anscheinend, ohne etwas zu fühlen. Sie tun das in absolutem Vertrauen auf Gott, aber das ist alles nur für Touristen. Wichtig ist uns, was in unserem tiefsten Inneren geschieht. Vielleicht ist es mit dem Gnostizismus in Europa im Mittelalter vergleichbar. Als auch dort Menschen versuchten, den Willen Gottes zu ergründen. Wir hier im Orient hatten allerdings das Glück, keinen Papst zu haben, der uns dann irgendwann, wie die Gnostiker, als Gotteslästerer verbrennen ließ.

Unsere wichtigsten Regeln sind, auf die Weisheit des Herzens zu hören, nichts zu besitzen, um nicht von irgendetwas oder irgendjemanden besessen zu werden, die Wahrheit zu erfahren und sie nicht nur zu begreifen.

Um Gott oder Allah nahe zu sein, haben wir verschiedene Regeln und Methoden entwickelt. Wir suchen die mystische Gotteserfahrung im Einssein mit Gott. Und wir glauben, dass die Mystik über allen Religionen steht.

Zur Zeit der Tempelritter gab es einen wunderbaren Austausch unserer Ideen und Ideale mit denen des Okzidents. Aber ein machthungriger Papst und ein hoch verschuldeter französischer König vernichteten die

Tempelritter und somit unseren Austausch. Die Tempelritter hatten Tugenden wie Tapferkeit, Mut und Gerechtigkeit an uns vermittelt. Wir ihnen den tiefen Glauben, die Mystik und die Suche nach Wahrheit. Seither haben sich beide Kulturen leider immer weiter entfremdet.

Fast 1000 Jahre lang, seit dem Mittelalter, gab es die strikte Trennung von Ost und West, von Orient und Okzident, von Christentum und Islam. Rudolf Steiner, dem bedeutenden Anthroposophen, gelang es als erstem, wieder die Brücke zwischen den beiden Kulturen zu schlagen. Er hat es nur selbst nicht bemerkt. 1970 wurde im spanischen Granada Abdalqadir as-Suffi unser Orden gegründet. Durch, wie meine Brüder alle wissen, den zum Islam konvertierten schottischen Schauspieler Ian Dallas. Und so setzt sich unser Orden auch 40 Jahre später noch aus Männern der ganzen Welt zusammen, die zum Islam konvertierten. 99 Brüder. Immer nur einer aus einem Land. Auch bei euch, meine Gäste, wirkt einer unserer Brüder in Deutschland. Im Islamrat sitzt Andreas Abu Bakr Rieger, unter anderem auch Herausgeber der Islamischen Zeitung IZ. Ich hoffe und wünsche, dass er weise und wahrhaftige Entscheidungen trifft.

Und wir 99 Brüder suchen die Gottesnähe in der Wüste. Es gelingt uns unterschiedlich, je nachdem, was der einzelne Bruder daraus macht. Ich habe gehört, dass ihr nach Jerusalem wollt, den Ort, an dem vor 1000 Jahren fast ein friedliches Miteinander der Weltreligionen möglich gewesen wäre. Es liegen noch viele Kilometer und vor allen Dingen viele Grenzen zwischen euch und eurem Ziel. Wir 99 Al-Murabitun werden euch über die Grenze nach Algerien bringen, das klingt sehr weltlich nach 40 Jahren Gottessuche, aber Allah hat alles geschaffen, das Kloster, die Wüste und diese Grenze. So sei es also...“, endete der Vortrag von Yasar.

„Es sind aber hundert Brüder“, raunte Maria Karl-Wilhelm zu. „10 Tische mit je 10 Brüdern, und wir am Gästetisch.“ „Bring sie nicht in Verlegenheit und behalte es für dich“, sagte dieser leise und grinste.

13 An der Grenze nach Algerien

Liebe und geschätzte Leser, bei der Bundesbahn gibt es keinen 13. Waggon, in den meisten Hotels keinen 13. Stock. Weil man abergläubisch ist und Angst hat, durch die Zahl 13 vom Pech verfolgt zu werden. Wir hier, bei der ganz anderen Weihnachtsgeschichte, haben ein 13. Kapitel. Wir bauen auf Zahlen, Daten und Fakten. Nicht auf Aberglauben. Oder so ähnlich. Auch wenn das Mitspielen des Nikolaus und der Verdacht, dass Gabriel nicht nur von dieser Welt ist, etwas ganz anderes suggerieren. Na ja, wer weiß. Wer also Mut hat, folge uns nun in das 13. Kapitel.

So machten sich die Reisenden in Begleitung der 99 Al-Murabitun wieder auf den beschwerlichen Weg zurück zum Bus. Mit diesem fuhren sie dann Richtung algerische Grenze, etwas beengt, aber sehr unterhaltsam. Am Nachmittag kauften sie auf einem großen Markt auf Anweisung der Ordensbrüder 20 Kamele sowie viele Seile und Stricke. Als die Dämmerung hereinbrach, verrieten die Al-Murabitun den Reisenden ihren Plan. Sie wollten die Kamele vor den Bus spannen und diesen dann leise von den Tieren spät nachts über die Grenze ziehen lassen. Dort seien keine Zöllner mehr, alles sei seit Monaten verlassen, erklärten sie den Reisenden. Sowohl Algerien als auch Marokko müssten sparen und hätten die Grenzsoldaten und Zöllner abgezogen. Die beiden Staaten verließen sich eher darauf, dass man vor den Patrouillen und Straßenkontrollen im Hinterland Angst habe.

Dieser Plan enthielt leider zwei Fehler. Der erste war, anzunehmen, dass die Grenze unbewacht sei. Es sah zwar so aus, aber tatsächlich war auf der marokkanischen Seite Yussuf im Einsatz, auf der algerischen Ibrahim. Cousins aus den benachbarten Grenzdörfern, im Dauereinsatz als Zöllner ohne jede Kundschaft oder besser, Reisende, und entsprechend frustriert. Nachdem sie nach der Grenzsperrung wochenlang nichts zu tun hatten, gingen sie beide nach Hause, kassierten weiter ihr nicht allzu üppiges Gehalt und gingen ihren Ehefrauen auf die Nerven. Weil sie zuhause rumsaßen. Das führte in beiden Familien, diesseits wie jenseits der Grenze, zu einem handfesten Ehekrach. Bei einer Tasse Pfefferminztee beschlossen die Cousins dann, doch wieder ihren Dienst zu tun. Zuhause war Krach, an der Grenze Langeweile. Um sich ihre Langeweile zu vertreiben, spielten sie tagsüber Fußball, nachts, wenn sie nicht gerade schliefen, Schach. Diese einsamen Fußballspieler hatten die Al-Murabitun nicht als Zöllner erkannt, und nachts spielten sie so Schach, dass sie zwar die Straße und die Grenze sehen konnten, man hatte ja seine Berufsehre, aber sie selbst konnten nicht gesehen werden.

Der zweite Fehler war, anzunehmen, dass Kamele, die eigentlich zum Tragen von Menschen und Lasten abgerichtet waren, genauso gut auch einen Bus ziehen könnten. Die Kamele waren da ganz anderer Meinung, und die Meinung eines Kamels ist mehr als felsenfest.

So kam es also dazu, dass kurz nach Mitternacht 99 Suffis an 20 Kamelen zerrten, welche wiederum vor einen Bus gespannt waren. Sie kamen vorwärts, aber langsam und nicht sehr leise. Die Kamele blökten, was das Zeug hielt, und fühlten sich sehr ungerecht behandelt.

Ibrahim und Yussuf spielten indessen Schach, so sitzend, dass jeder über den Rücken des anderen seinen Teil der Grenze sehen konnte. Ibrahim hatte seinen Zug gemacht, starrte auf das Schachbrett und wartete auf den Gegenzug von Yussuf. Nach 10 Minuten hatte sich Yussuf noch nicht gerührt. Ibrahim blickte vom Brett auf und sah Yussuf starr auf etwas schauen, was hinter Ibrahims Rücken geschah. „Da kommen Kamele“, meinte Yussuf. „Komm, spiel’ weiter“, meinte Ibrahim, lass’ die in Ruhe. Als wir sie das letzte Mal von der Straße gejagt haben, sind sie in die Minenfelder daneben gelaufen und wir haben tagelang die Sauerei wegräumen müssen.“ „Na ja“, meine Yussuf weiter, „die Kamele werden gezogen.“ „Du meinst, die ziehen was“, sagte Ibrahim und drehte sich um. Jetzt verstand er Yussufs Erstaunen. Jede Menge schwitzende und schimpfende Männer zerrten 20 Kamele, die in jede andere Richtung wollten, auf ihre Grenze zu. Und dahinter kam ein großer Bus mit einer eigenartigen Fahne auf dem Dach.

Dazu gab es weder eine algerische noch eine marokkanische Dienstvorschrift, da waren sich Ibrahim und Yussuf ganz sicher. Entführungsfälle von Kamelen über die Grenze waren bisher nicht dokumentiert. Ibrahim machte ein würdevolles Gesicht und ging auf die eigenartige Karawane zu. „Was macht ihr denn mit den armen Tieren“, wollte er von dem Mann ganz am Anfang der angebundenen Kamele wissen. Der hörte auf, an seinem Kamel zu zerren, drehte sich um und meinte nur „Verdammt, der Zoll!“ „Ihr wollt Kamele schmuggeln?“, fragte Ibrahim erstaunt. „Das bringt doch nichts, die gibt es auf beiden Seiten der Grenze wie Sand in der Wüste. Muss man nur einfangen.“ Inzwischen war auch Yussuf, völlig illegal auf marokkanischem Staatsgebiet, hinzugekommen. „Ich glaube eher, die wollen den Bus über die Grenze bringen“, meinte dieser. „Ich schätze mal, denen ist der Diesel ausgegangen.“

Inzwischen standen die 99 Al-Murabitun ziemlich betreten zwischen den Kamelen auf der Straße herum. Die Reisenden, die versucht hatten, den Bus zu schieben, waren nach vorne zu den Zöllnern gekommen. „Soll das ein Spaß sein?“, fragte Yussuf. „Wir haben gerade Schach gespielt und hatten es die letzten Monate schön ruhig hier. Erklärt mir bitte mal jemand, was das soll? Die Grenze ist doch zu, das weiß doch jeder.“

Der altehrwürdige Yasar war inzwischen auf Yussuf und Ibrahim zugegangen. „Die Fremden müssen nach Jerusalem. Der Deutsche muss sich dort dringend entschuldigen.“ „Aber nicht über unsere Grenze“, meinten Yussuf und Ibrahim wie aus einem Munde. „Eigentlich müssten wir euch alle erschießen.“ „Sofort?“ fragte Yasar. „Nicht, dass ich wüsste“, entgegnete Yussuf. „Dann spielt ihr euer Schachspiel zu Ende, wir kochen Tee, richten ein paar süße Kleinigkeiten und dann bereden wir das mit dem Erschießen genauer“, schlug Yasar vor. Die beiden Zöllner nickten nur und gingen wieder unter ihre Akazie, um ihr Schachspiel zu beenden.

Die al-Murabitun verrieten den Reisenden nichts von der drohenden Erschießung. Jawaad hatte es nicht gehört, und die anderen verstanden kein Arabisch. „Es gibt ein paar kleine Schwierigkeiten mit den Formularen“, sagte Max zu Karl-Wilhelm. Der glaubte ihm kein Wort, er hatte gesehen, wie sehr das Auftauchen der Zöllner die Suffis aus dem Konzept gebracht hatte. Diese ließen sich aber nicht aus der Ruhe bringen und bereiteten alles für eine gemütliche Teerunde weit nach Mitternacht vor.

Nach einer guten Stunde waren Yussuf und Ibrahim mit ihrem Schachspiel fertig. Sie setzten sich zu den Suffis auf die inzwischen ausgebreiteten Teppiche. „Was müsste denn geschehen, damit der Bus über die Grenze kommt?“, fragte Yasar die Zöllner. „Ein Wunder“, antwortete Ibrahim. „Und was wäre für Dich ganz persönlich ein Wunder?“, war Yasars nächste Frage. „Wenn meine Frau wieder mit mir spricht und ich zuhause wohnen darf“, sagte Ibrahim etwas verlegen. „Und was wäre dazu nötig?“, bohrte Yasar weiter. „Dass wir mit der ganzen Verwandtschaft nach Algerien fahren, zur Hochzeit ihrer jüngsten Schwester. Die heiratet übermorgen. Das wäre wohl das größte Geschenk für sie. Aber dazu habe ich nicht das Geld. Wir müssten mit 50 Verwandten erst nach Beirut fliegen, und von dort nach Algier. Direktflüge gibt es nicht. Und wir haben alle keine Visa.

Du siehst, ehrwürdiger Suffi, ein großes Wunder wäre nötig." „50 Verwandte nach Algerien", sagte Yasar leise vor sich hin. „Schwierig. Und bei Dir Yussuf, welches Wunder müsste bei Dir geschehen, damit wir über Deine Grenze dürfen?" „Eigentlich das Gleiche wie bei Ibrahim, nur wollen bei mir alle Verwandten nach Fes in Marokko. Der Großonkel meiner Frau wird 90 Jahre alt. Ein großes Familienfest. Aber es ist wie bei Ibrahim: Kein Geld, keine Papiere."

„Können wir uns noch ein bisschen beraten, bevor ihr uns erschießen müsst?", fragte Yasar weiter. „Auf jeden Fall", meinten die Zöllner. Sie hätten die Waffen auch gar nicht hier, sondern zuhause, und da würden sie im Moment ungern hingehen.

Yasar diskutierte angestrengt mit seinen Ordensbrüdern. Im Osten wurde es schon langsam hell. Dann setzte er sich wieder mit Yussuf und Ibrahim zusammen und erklärte ihnen Folgendes. „Ihr holt beide je 50 eurer Verwandten aus euren Dörfern. Reisefertig zur jeweiligen Familienfeier. Jetzt sofort, bevor es ganz hell wird und uns jeder sehen kann. Dann tauschen diese ihre Pässe aus, möglichst jeweils die, die sich zumindest etwas ähnlich sehen. Der eine Teil kann sich dann in Algerien bewegen, der andere in Marokko. Die, die nach Algier wollen, fahren mit diesem Bus hier mit, für den Transport der algerischen Verwandten nach Fes sorgen wir Suffis."

Die Zöllner nickten begeistert und rannten zu ihren Häuser. Nach wenigen Minuten sah man die ersten Männer durch die Straßen hasten und ihre Verwandten wecken. Was dann folgte, war der größte und schnellste Grenztransfer von Waren und Gütern innerhalb einer Stunde, den es an dieser kleinen und stillen Grenze je gegeben hat. Männer mit einer Wasserpfeife in der Hand, gedacht als Hochzeitsgeschenk, rannten in die eine Richtung über die Grenze, Frauen mit Kisten und Körben voller Essen und Trinken sowie allem, was man überhaupt brauchen konnte, in die andere. Kinder wurden verwechselt und wieder ausgetauscht, versehentlich in den Bus zur Reise nach Algier gesetzt und doch wieder gerettet. Lebende Schafe und Hühner wurden irgendwie auf dem Dach des Busses festgebunden und der Bus mit mehreren Wohnungseinrichtungen sowie 50 zusätzlichen Mitreisenden vollgestopft. Männer, die wieder das Falsche eingepackt hatten, wurden von ihren Frauen beschimpft und mussten noch einmal mit Sack und Pack, schwitzend und schimpfend, nach Hause rennen und das Richtige holen. Die Reisenden aus Europa verstanden zwar nicht genau, worum es gerade ging, hatten aber das Gefühl, im Moment einfach ruhig etwas abseits zu stehen, sei das Beste. Die Kamele wurden losegebunden und suchten dankbar das Weite.

Die Sonne ging gerade auf, als Yasar kontrollierte, ob jeder einen einigermaßen passenden Pass des anderen Landes hatte. Alle waren auf der richtigen Seite, die Richtigen saßen im Bus. Für die Reisenden im Bus hatte man noch ein paar algerische Zöllner-Uniformen besorgt, damit bekam der Transport einen wichtigen und offiziellen Charakter. Vielleicht würde es ja helfen. Die kleine Sheherazade klettere schnell noch einmal aus dem Bus und rannte zu Yasar. Sie hatte wieder eine große Plastiktüte voller Euroscheine dabei. Diese drückte sie dem alten Suffi in die Hand. Ganz heimlich. „Für die Reise und für Geschenke", flüsterte sie dem alten Mann ins Ohr. Der verstand zwar kein Deutsch, wusste aber schon, was gemeint war.

Als die Kleine wieder im Bus war, schloss Karl-Wilhelm die Tür. Ibrahim brüllte irgendetwas auf Arabisch und zeigte nach vorne. „Fahr wie der Teufel, hat er gesagt", übersetzte Jawaad, „und bleib' weder an einer Straßensperre noch an einer Polizeikontrolle stehen. Wie man an den Uniformen hier sieht, fährt das Gesetz schon mit und mehr Polizei hier im Bus wäre schlecht.

Man sieht also, man kann auch ein 13. Kapitel ganz gut meistern.

14 Bei den Tuareq

Karl-Wilhelm startet den Bus und raste über die Grenze. Einfach weg von hier, wer weiß, wer uns alles gesehen hat. „Wo genau die Hochzeit stattfinden soll, erfragen wir während der Fahrt. Ich hoffe, nicht mitten in Algier", sagte er zu seinen Mitreisenden über die Schulter.

Georg, Michael und Sabrina, die jungen Leute des Reporterteams, hatten einen Laptop vor sich und sogar über eine extra gekaufte Satellitenschüssel eine Internetverbindung aufgebaut. Über Google Earth versuchten sie, Karl-Wilhelm einen möglichst schnellen und bequemen Weg durch die Wüste zu weisen. Ein Navigationssystem war ebenfalls in Betrieb. „Nimm' an der nächsten Kreuzung die linke Abzweigung", riefen sie Karl-Wilhelm zu, „das scheint eine gute und gerade Schotterpiste zu sein." Karl-Wilhelm fand tatsächlich nach ein paar hundert Metern eine Kreuzung und fuhr links auf die angekündigte Schotterpiste. Was man allerdings von Satelliten aus schlecht sieht, sind Bodenwellen und Schlaglöcher. Nachdem sie mehrere Male in ein Schlagloch geknallt waren oder fast abgehoben hatten, weil Karl-Wilhelm mit beinahe hundert Stundenkilometern über eine Bodenwelle raste, wurde es den ersten Reisegästen schon schlecht. Der Bus schaukelte wesentlich mehr als ein Kamel und Karl-Wilhelm fuhr langsamer. Das gefiel ihren marokkanischen Mitreisenden noch weniger und sie riefen ganz aufgeregt durcheinander. Jawaad krabbelte über ganze Berge von Gepäck und Menschen nach vorne zu Karl-Wilhelm. „Fahr so schnell du kannst", sagte er zu ihm, „und mach das Licht aus. Hinter uns kommen Fahrzeuge, man sieht deren Lichter."

Karl-Wilhelm schaltete also die Scheinwerfer aus und blieb stehen. Was zu heftigen Protesten der Mitreisenden führte. Er rannte zum Heck des Busses und zerschlug mit einem Stein die Bremsleuchten. „Wäre schlecht, wenn die bei jedem Bremsen aufleuchten", sagte er zu den anderen und raste wieder weiter. Im Fahren deckte er noch mit einem Tuch die Armaturen ab, da diese ihn sehr blendeten, so ohne Scheinwerferlicht. Seine Augen gewöhnten sich an die Dunkelheit. Die Lichter holten beständig auf. „Ein Bus ist kein gutes Rennfahrzeug in der Wüste", meinte Jawaad. „Fahr' beim nächsten Kreisverkehr rechts ab", rief ihm Michael zu, „vielleicht fahren die hinter uns geradeaus weiter." „Was für ein Kreisverkehr?", meinte Karl-Wilhelm, „willst du mich auf den Arm nehmen? Hier ist einfach gar nichts." „Na ja, im Navigationssystem steht aber, dass in 500 Metern ein Kreisverkehr ist." Das Einzige, was Karl-Wilhelm sehen konnte, waren ein paar Schilder in arabischer Sprache, die vor ihm auftauchten. „Ich fahre jetzt rechts ab, diesem Schild hinterher", verkündete er seinen Mitreisenden. "Jawaad, was stand da drauf?", fragte Georg, der immer noch versuchte, einen guten Weg zu finden. „Sperrgebiet oder so", sagte Jawaad leise.

Die Piste, die sie jetzt befuhren, war erstaunlich flach. Und so donnerte Karl-Wilhelm mit 130 Sachen ohne

Licht durch die Wüste. Es ging immer geradeaus, die Lichter hinter ihnen verschwanden, sie hatten ihre Verfolger, wer auch immer das gewesen sein musste, also abgehängt. Sie fuhren so eine gute Stunde dahin, immer ins Dunkel vor ihnen, der Horizont war etwas heller als die Straße, und die Straße ein kleines bisschen heller als die Wüste um sie herum. Nur das Navigationssystem zeigt ihnen noch an, dass sie sich auf einem Weg befanden. Plötzlich fragte Karl-Wilhelm die anderen, die mit ihm unentwegt aus der Frontscheibe starrten, ob sie auch diese spitzen Felsen sehen würden, die sich gegen den Horizont abzeichneten. Und die kleinen Hügel, die sich dazwischen bewegten. „Brems'!" brüllte Jawaad, „Um Gottes Willen, bremsen!" Karl-Wilhelm erschrak, tat aber wie geheißen und trat mit beiden Beinen das Bremspedal voll durch. Alle Räder des Busses blockierten und leicht schräg über Sand und Steine rutschend kam es den Businsassen vor, als dauerte es Minuten, bis der Bus stand.

Mit seinem abruptem Bremsmanöver hatte Karl-Wilhelm den Motor abgewürgt und so war es nach der stundenlangen Flucht auf einmal sehr still. Draußen hörte man Stimmen und sah einzelne Taschenlampen aufleuchten. „Mach mal Licht", sagte Maria. „Wo auch immer wir sind, die wissen, dass wir da sind. Und hier drin sind Kinder. Nicht das jemand denkt, wir seien gefährlich." Karl-Wilhelm schaltete also die Innenbeleuchtung und das Standlicht ein. Außer dichtem Staub war aber nichts zu sehen. Sie hörten aber erstaunte Rufe der

Leute, die wohl um den Bus herumstanden. Durch den Staub konnten sie einen ganz in blaue Tücher gehüllten Mann erkennen, der an den Bus herankam und mit einer Kalaschnikow recht stürmisch anklopfte.

„Tuareq“, sagte Jawaad kurz angebunden. „Besser als die Polizei oder algerische Soldaten. Lasst mich rausgehen. Ich glaube zwar nicht, dass sie viel von meinem Diplomatenpass halten, aber vielleicht hilft Höflichkeit weiter. Und lasst die Soldaten-Uniformen verschwinden.“ Jawaad verhüllte sein Gesicht ähnlich, wie es draußen der Tuareq tat, und verließ den Bus.

Zwei bewaffnete Männer nahmen ihn in die Mitte und verschwanden in der Dunkelheit. Inzwischen wurden die Busreisenden, die ja gut beleuchtet im Hellen saßen, von immer mehr der Nomaden bestaunt. Nach einiger Zeit kamen auch Frauen hinzu. Sie erblickten erstaunt die Frauen und Kinder im Inneren des Busses und sprachen aufgeregt auf die bewaffneten Männer ein. Nach ein paar Minuten war zwischen den bewaffneten Männern und den Frauen ein handfester Streit ausgebrochen. Eine der Frauen stürmte auf den Tuareq zu, der vorne an der Tür des Busses stand, entriss ihm seine Waffe und warf diese zu Boden. Die Männer im Bus hielten die Luft an, denn keiner wusste, ob die Waffe gesichert war und sich versehentlich ein Schuss lösen konnte. Die Tuareq-Frau drängte den Mann von der Bustür weg und kam herein. Sie schaute sich streng die Insassen an und winkte dann den Frauen und Kindern, ihr zu folgen. Dabei sagte sie die ganze Zeit etwas, was aber keiner verstand. Auch nicht die Marokkaner, die zwar arabisch und französisch sprachen und ein bisschen verschiedene Berber-Dialekte kannten, denen aber das Kisuaheli der Tuareq fremd war. Sie fühlten aber, dass die Tuareq-Frau nichts Böses wollte und so gingen die Frauen und Kinder aus Marokko mit der Fremden mit, um ähnlich wie Jawaad in der Dunkelheit zu verschwinden.

„Kannst du für Strom sorgen?", fragte Sabrina nach gut zwei Stunden des Wartens. „Mit der Batterie des Busses schon", sagte Karl-Wilhelm. „Ich habe da vielleicht eine Idee", meinte Sabrina weiter. Sie schloss den Laptop an die Stromversorgung des Busses an, da der Akku des Laptops nach der Fahrt durch die Wüste mit dauernder Satelliten-Verbindung und Internet erschöpft war. Dann holte sie sich ihre in den letzten Tagen erstellten Filme auf den Bildschirm. Nachdem sie die denkwürdigen und tumultartigen Szenen an der französischen Grenze laufen hatte, drehte sie den Laptop so, dass ihr Bewacher auf den Bildschirm sehen konnte. Der schaute sich die Szenen ein paar Minuten an. Erst sah man ihn nur ganz wenig grinsen unter seinen Tüchern, dann lachte er auf einmal aus vollem Halse. Er rief seinen Kameraden etwas zu, worauf diese herbeikamen und schließlich mindestens zwanzig von ihnen im und vor dem Bus um den Laptop standen und diese Szenen immer wieder sehen wollten. Sie erkannten Karl-Wilhelm und die anderen im Film wieder, kamen in den Bus, klopften diesen auf die Schultern, machten die Polizisten und den Minister nach. Ihre Waffen hatten sie abgelegt und von Feindseligkeit

war keine Spur mehr. Sie sagten immer nur ein Wort zu den Reisenden, welches diese aber nicht verstanden.

Nachdem sie den Film sehr oft gezeigt hatten und alle Tuareq genug gesehen hatten, wurden nun auch die Männer aus dem Bus gebeten. Man brachte sie in ein Zelt und servierte Tee. Nach einigen Minuten tauchte auch Jawaad wieder auf. Er schaute sie erstaunt an, wie sie da so gastfreundlich bewirtet im Zelt saßen, und meinte, man habe ihm erklärt, dass sie alle Freunde seien, denn wer die Polizei und den Staat so zum Narren mache wie die Leute aus Europa, müsse ein Feind der Polizei sein. Und jeder Feind der Polizei, die ja auch ihr Feind sei, sei natürlich ein Freund von ihnen. So einfach sei die Philosophie der Tuareq. Und das Wort, mit dem sie euch gerade bezeichnen, heißt übersetzt Rebellen. Und, so einsam wie sie hier sind, auf Gleichgesinnte zu stoßen, freut sie natürlich unheimlich. „Ihr müsst mir dann noch erklären, wie ihr das hinbekommen habt“, meinte Jawaad.

„Nun ratet einmal, wo wir hier sind und durch was wir fast hindurchgerast sind“, fragte Jawaad seine Mitreisenden. „Na, ein Nomadenlager, Gott sei Dank haben wir es gerade noch gesehen“, meinte Georg. „Nein“, entgegnete Jawaad, „das hier ist ein illegales Konzert. Es ist nur so dunkel, weil einer der Musiker aus Versehen im Dunkeln abends auf die Batterie gepinkelt hat. Er dachte, er sei im Toilettenhäuschen, es war aber eine kleine Hütte für die Batterie, damit diese vor Staub und dem morgendlichen Tau geschützt ist. Die hat jetzt einen Kurzschluss und der arme Musiker kann sich in den nächsten Tagen ganz auf die Musik konzentrieren und hat keinen Sinn mehr für die jungen und hübschen Tuareq-Frauen“, lachte Jawaad. „Wenn wir mit der Lichtmaschine des Busses wieder für Strom sorgen würden, wären sie sehr glücklich, schätze ich, denn die Tuareq würden nie so direkt eine Bitte äußern. Unser Frauen und Kindern geht es gut, dafür haben die Tuareq-Frauen gesorgt.“

„Und was ist ein illegales Konzert“, fragte Karl-Wilhelm, nachdem Jawaad noch einmal alles auf arabisch für ihre marokkanischen Gäste erklärt hatte. „Die Tuareq lieben es, ihre traditionelle Musik auf E-Gitarren zu spielen, oder auch angloamerikanische Pop-Musik mit ihrer eigenen zu vermischen. Da gibt es weltbekannte Gruppen. *Tinariwen* zum Beispiel. Da die Musiker aber oft auch gesuchte Rebellen aus der Sahara sind, versuchen die Polizei und das Militär, diese Konzerte zu verbieten. Deswegen findet es auch mitten in der Wüste statt.“

15 Das Buch Gabriel

Nachdem sie alle ein paar Stunden geschlafen hatten und es wieder heller Tag war, sorgte Karl-Wilhelm dafür, dass die Nomaden wieder Strom bekamen. Der Bus tuckerte im Leerlauf vor sich hin und die Lichtmaschine sorgte für das Laden der Batterie. Es gab eine kleine, aus Holz zusammengenagelte Bühne, darum herum standen mehrere Dutzend Zelte. Viele der Tuareq trugen jetzt E-Gitarren statt der Kalaschnikows mit sich herum. Und völlig spontan, ohne jedes Programm oder sonstige Ordnung, wurde manchmal auf der Bühne, manchmal in den größeren Zelten Musik gemacht.

Von Trommeln und Klatschen begleitete Gesänge und Gegengesänge ganzer Gruppen hallten durch das Zeltdorf. Die Reisenden beschlossen, sich zu trennen. Jawaad sollte die Hochzeitsgesellschaft nach EL Golea fahren und dann baldmöglichst wieder zurückkommen, die anderen wollten bei den Nomaden bleiben.

Man rüstete den Bus mit algerischen Nummernschildern aus, welche die Tuareq für ganz andere Zwecke vorrätig hatten, verabschiedete sich herzlichst voneinander und hoffte auf Seiten der Tuareq vor allen Dingen, dass der Bus mit der Lichtmaschine möglichst bald wieder da war, damit weiter Musik gemacht werden konnte.

Sabrina hatte den Akku des Laptops aufgebaut und sichtete die letzten Filmaufnahmen. Vor allem die Kinder der Tuareq fanden es phantastisch, gefilmt zu werden und sich anschließend selbst auf dem Laptop zu sehen. Die Erwachsenen hatten nichts dagegen. Jawaad hatte zuvor als Übersetzer vertrauensvoll versichern können, dass durch die Filme in Youtube der Ort des Zeltlager nicht zurückzuermitteln sei.

Sabrina wunderte sich gerade, warum sie eine Internetseite nicht aufrufen konnte, als hinter ihr eine fremde Stimme in akzentfreiem Deutsch sagte: „Du hast bei der Adresse ein Komma statt eines Punktes eingegeben." Sie drehte sich um und sah einen jungen Tuareq hinter sich stehen. „Und du hast jetzt wohl aus Versehen Deutsch gesprochen", fragte sie ihn.

„Nicht aus Versehen, ich habe es gelernt", war die Antwort. „Manchmal, wenn es sich ein Tuareq-Stamm leisten kann, wird von den Ältesten ein Kind ausgesucht, welches im Westen eine Ausbildung bekommen soll. Ich bin eines dieser Kinder. Ich bin bei sehr lieben Pflegeeltern in Deutschland aufgewachsen, habe in München und Paris Internationales Recht studiert und versuche hier in der Wüste nun, die Rechte meines Stammes an Land und Bodenschätzen gegenüber den Staaten durchzusetzen. Wir Tuareq planen sehr langfristig. Und mein Name ist Jamal", sagte der junge Mann und deutete eine Verbeugung mit der rechten Hand auf dem Herzen an. Sabrina streckte ihm die Hand hin und nannte ihren Namen. Doch Jamal antwortete: „Wenn meine Frau sieht, dass ich dich berühre, bekomme ich große Schwierigkeiten", und grinste dabei.

Inzwischen war Gabriel zu ihnen hinzugekommen und beugte sich hinunter, um sich anzusehen, was auf dem Laptop war, der auf dem Boden lag. Dabei fiel ihm der alte Schwertgriff aus seiner Innentasche. Jamal schaute sich den Schwertgriff grübelnd an und murmelte auf einmal: „Das habe ich schon einmal gesehen, sogar sehr oft." Er nahm den Gegenstand sehr ehrfürchtig in beide Hände und besah ihn sich von allen Seiten. „Woher hast du das?", wollte er von Gabriel wissen. „Keine Ahnung", meinte dieser. Er erzählte kurz, wie er sein Gedächtnis verloren hatte und dass er außer wenigen anderen Gegenständen nur diesen alten Schwertgriff bei sich gehabt hätte, als er im Krankenhaus wieder zu sich gekommen war. Die Polizei habe zwar feststellen lassen, dass der Griff uralt sei, da aber niemand den Diebstahl eines antiken Schwertgriffes gemeldet habe, würde man bis auf weiteres vermuten, dass Gabriel der rechtmäßige Besitzer sei.

Jamal rief etwas zu den Zelten neben ihnen und ein kleiner Junge brachte einen kleinen Teppich. Darauf legte Jamal den Schwertgriff sehr feierlich ab. „Wartet einen kleinen Moment", sagte er zu den Reisenden, eilte davon und nach ein paar Minuten kam er mit einem dicken alten Buch wieder zurück. „Ich weiß nicht, woher wir das Buch haben, normalerweise hängen wir Tuareqs nicht an solchen Dingen, aber es ist schon lange bei uns und zieht mit uns durch die Wüste, solange wir zurückdenken können. Wir können auch nicht lesen, was darin steht, es ist nicht arabisch. Aber es ist mit Bildern verziert. Ich zeige euch, was mich so erstaunt hat." Er schlug das Buch auf, worauf Gabriel sofort sagte, das ist ein sehr altes Aramäisch. „Und kannst du es lesen?", fragte Jamal. „Ja, fragt mich nicht warum, ich kann es lesen. Darf ich es nehmen?", fragte Gabriel. „Ja, bitte, aber pass' auf, die Seiten sind sehr alt und brüchig", sagte Jamal. „Es scheint auch nicht Papier zu sein, sondern etwas anderes." „Nein", meinte Gabriel, „das ist Papyrus. Ich wusste nur nicht, dass man es auch in Buchform gebunden hat, ich kann mich nur an Schriftrollen erinnern."

„Du erinnerst dich an Schriftrollen?", fragte Sabrina erstaunt. „Ja", sagte Gabriel, „das ist eine ganz neue Erinnerung, aber mehr leider auch nicht." Gabriel blätterte langsam durch die Seiten. „Das Erste Buch Moses", murmelte er dabei und zählte dann immer weiter die Bücher des Alten Testamentes auf. Dann sagte er auf einmal: „Das Buch Gabriel. Ich wusste nicht, dass es im Alten Testament ein Buch Gabriel gibt." „Mir auch neu", meinte Sabrina. „Schaut euch die erste Seite des Buches Gabriel an", forderte Jamal die beiden auf. Gabriel blätterte die Seite auf und sah die Darstellung eines Engels mit einem Flammenschwert. Und der Griff des Schwertes auf dem Bild war genauso gemustert und geschwungen wie der, welchen Gabriel jetzt schon seit Jahren mit sich herumtrug.

Sabrina schaute immer wieder den Engel an und blickte dann wieder auf Gabriel. Jamal beobachtete sie dabei, verglich dann das Bild des Engels mit Gabriel.

Nach kurzer Zeit sagte Sabrina: „Gabriel, du siehst aus wie der Engel in dieser alten Bibel."

Jamal murmelte: „Djibril, Ruh al-Qudus, la fata ila ali, wala saif ila solfikar" und starrte nur noch den Schwertgriff an. „Ich kenne die Bibel und den Koran", meinte er weiter. „Ich hatte nur nicht erkennen können, dass das, was wir hier haben, eine Bibel ist." „Das ist keine Bibel", meinte Gabriel. „Hier drin sind sieben Bücher Moses, eigentlich gibt es nur fünf, und manche von den Texten erinnern sehr an Koransuren." Aber die beiden anderen starrten nur immer wieder ihn und das Bild in dem alten Buch an.

16 Nachrichten aus Europa

Jamal, Sabrina und Gabriel blätterten immer noch in dem uralten Buch, als Karl-Wilhelm zu ihnen kam und sich erklären ließ, warum sie so erstaunt und beeindruckt waren. „Na ja“, meinte er, „Gabriel sieht zufällig aus wie ein Engel in einem alten Buch. Ein seltener Zufall, aber so etwas gibt es eben. Ein Schwertgriff, den er bei sich trägt, sieht auch aus wie der im Buch. Wahrscheinlich hat es diesen Schwertgriff sehr oft gegeben, als damals der Zeichner eine Vorlage für sein Bild suchte. Kann auch ein seltener Zufall sein. Und Gabriels gibt es auch heute noch wie Sand am Meer. In Südamerika heißen viele Männer Jesus, ohne dass sie gleich Gottes Sohn sind.“

So ganz zufrieden waren sie alle nicht mit dieser Erklärung über unwahrscheinlich seltene Zufälle. Sie wurden aber auf ein anderes Thema gebracht, als Jamal auf einmal sagte, dass Jawaad mit dem Bus gleich eintreffen würde. „Kannst du ihn schon hören oder sehen?“, fragte Sabrina ihn. „Ihr Naturmenschen habt ja alle guten Ohren und Augen.“ „Mag schon sein“, erwiderte Jamal, „in diesem speziellen Fall aber völlig unerheblich, Jawaad hat mir gerade eine SMS geschickt, nur deswegen weiß ich, dass er bald wieder da sein wird.“

Als Jawaad wieder da war, setzte sich Karl-Wilhelm in den Bus und während dessen Lichtmaschine die Tuareq mit Strom für ihre Verstärker und E-Gitarren versorgte, versuchte er, die Deutsche Welle zu empfangen. Nach einigen Minuten gelang es ihm auch und er rief die anderen Mitreisenden zu sich, denn der Radio-Sprecher hatte gerade einen Bericht über das Phänomen der Karl-Wilhelm-Fan-Clubs angekündigt. Voller Überraschung und Staunen hörten sie folgenden Bericht im Radio:

„Wie viele unserer Zuhörer sicher schon wissen, kam es im Laufe der letzten Woche zur spontanen Gründung hunderter sogenannter Karl-Wilhelm-Fan-Clubs. Diese berufen sich auf den Busfahrer, der mit ein paar verwegenen Mitreisenden nach Jerusalem unterwegs ist, um sich bei einem Fahrgast zu entschuldigen. Richtig bekannt wurde er durch die Annahme, es handle sich um eine Entführung. Der katastrophale Polizeieinsatz sowie unabgestimmte Entwicklungshilfe-Leistungen führten zum Rücktritt des Entwicklungshilfeministers. Gestern trat auch der Innenminister zurück, nachdem er wegen seines Verhaltens an der deutsch-französischen Grenze einem Kind gegenüber massiven Vorwürfen in der Presse, der Opposition und auch in der eigenen Partei ausgesetzt war.

Der Busfahrer Karl-Wilhelm wird mit seinen Gefährten irgendwo an der marokkanisch-algerischen Grenze vermutet. Diese ist seit langem geschlossen und dort wird sein Abenteuer vermutlich auch zu Ende gehen. Die Karl-Wilhelm-Fan-Clubs haben hingegen eine ganz neue Art von Friedensbewegung ausgelöst. Hunderte von Frauen, Kindern und Männern haben Busse angemietet, mit denen sie auf der östlichen Route nach Je-

FREIHEIT
FÜR DEN
NIKOLAUS!

rusalem fahren wollen, also über die Türkei und Syrien. Schon auf dem Weg durch Österreich, Kroatien und Serbien kamen ständig neue Busse hinzu, so dass sich eine mehrere hundert Kilometer lange Kette aus tausenden von Bussen bildete. Der Versuch der serbischen Regierung, diese Bus-Karawane zu stoppen, misslang vollständig. Man sprengte sogar eine Brücke, um die Busse am weiterfahren zu hindern. Die zur Rückführung der Reisenden entsandten Soldaten liefen zu hunderten zu den Karl-Wilhelm-Fan-Clubs über und Pionier-Einheiten der serbischen Armee errichteten eine Ponton-Brücke, um die Weiterfahrt zu ermöglichen. Die serbische Armee verfügt nun über keinerlei Busse mehr, diese wurden von den desertierten Soldaten gleich mitgenommen. Ihre Waffen haben sie im Fluss versenkt.

Inzwischen haben die Karl-Wilhelm-Fan-Clubs auch ein eigenes Lied. In Anlehnung an das christliche Lied ‚Macht hoch die Tür, die Tor macht weit, es kommt der Herr der Herrlichkeit' singen sie leicht abgewandelt ‚Macht hoch die Tür, das Hirn macht weit, es kommt die Zeit der Menschlichkeit'.

Mit diesem Lied auf den Lippen gelangten sie auch über die türkische Grenze, wobei es auch hier völlig ohne Gewalt gelang, den türkischen Staat um fast alle Zöllner der Grenzregion sowie alle Busse aus Staatsbesitz zu erleichtern.

Im europäischen Parlament entbrannte indes eine heftige Debatte darüber, ob man die NATO einsetzen solle, um die Busse zu stoppen. Israel hat bereits angekündigt, dass man nicht wisse, was man tun solle. Es habe ja niemand eine Straftat begangen. Der Befehl, die Grenzen abzuriegeln, wurde von den israelischen Soldaten nicht befolgt. Ein Sprecher des spontan gebildeten israelischen Karl-Wilhelm-Soldaten-Fan-Clubs meinte in einem Interview, wenn die Regierung noch eine dieser blödsinnigen Anweisungen geben würde, schmeißen wir alle unsere Waffen ins Tote Meer, klauen alle Busse, fahren in die Türkei und bringen diese Menschen eigenhändig nach Jerusalem. Niemand habe etwas Böses getan und man sei schließlich der Gastfreundschaft verpflichtet.

Die Mitreisenden der Karl-Wilhelm-Fan-Clubs kleiden sich inzwischen mit Uniformen aus allen von ihnen durchfahrenen Ländern, als besonderes Merkmal tragen aber auch alle eine Nikolaus-Mütze. Nach den letzten Satelliten-Bildern, die uns vorliegen, ist der größte Teil der Bus-Karawane, der inzwischen auf über 1.000 Busse angewachsen ist, bereits an der türkisch-syrischen Grenze angekommen. Die Zahl der Mitreisenden wird auf ca. 100.000 geschätzt, wobei es stündlich mehr werden.

Alle Versuche, mit dem Anführer der Reisenden zu sprechen, misslangen, weil es anscheinend keine Anführer gibt. Die Organisation dieses Unternehmens ist völlig chaotisch, aber sie funktioniert augenscheinlich. Die Reisenden erfahren aus der Bevölkerung große Unterstützung. Umgekehrt helfen die Busreisenden, wo sie nur können. Bei jeder Rast eröffnen Ärzte, die sich unter den Reisenden befinden, provisorische Sprechstundenzelte oder auch kleine mobile Lazarette. Handwerker und Techniker kümmern sich um Probleme mit der Wasser- und Stromversorgung bei der örtlichen Bevölkerung. Ein polnischer Mechaniker namens Victor soll bei uralten Traktoren, die in der Landwirtschaft dringend gebraucht werden, schon wahre Wunder bewirkt haben.

Auch der UNO-Generalsekretär war erfolglos. Seit seinem letzten Gespräch mit einem Karl-Wilhelm-Fan-Club gilt er als vermisst. Letzte Fernsehbilder zeigen, wie er sich gerade eine türkische Uniform anzieht und eine Nikolaus-Mütze aufsetzt.

Noch eine Nachricht in eigener Sache: An dieser Stelle wird die Deutsche Welle die Berichterstattung über die Karl-Wilhelm-Bewegung einstellen. Das Team hat beschlossen, sich grüne Uniformen anzuziehen, eine Nikolaus-Mütze aufzusetzen, einen Bus zu mieten und sich den anderen an der türkisch-syrischen Grenze anzuschließen.

Und zum Schluss spielen wir "Macht hoch die Tür…" in der neuen Karl-Wilhelm-Fassung."

Die Reisenden in der algerischen Sahara sahen sich erstaunt an. Jamal meinte aber: „Egal, was da passiert, ihr müsst weiter, wenn ihr nach Jerusalem wollt. Ihr müsst quer durch Libyen fahren. Ich biete mich gerne als euer Führer an. Mein Stamm lebt und schmuggelt dort schon seit Generationen."

17 Ein sehr luxuriöses Nomadenzelt

Mit Jamal als Führer durchquerten sie recht schnell die algerische Wüste. Er wusste, wo Tankstellen zu finden waren, auch wenn diese oft recht abenteuerlich waren und sie hunderte von Litern Diesel aus Plastikflaschen in den Tank des Busses umfüllen mussten. Er kannte die richtigen Straßen für den Bus und wusste, in welchen Oasen man Wasser bekam. In Erwartung von Schwierigkeiten an der algerisch-libyschen Grenze hatten sie den Bus wieder in ein diplomatisches Fahrzeug von Tongalesien umgebaut. Umso verblüffter waren sie, als sie an einer völlig verwaisten Grenzstation ankamen. Die Zollstation war verlassen, keine Fahrzeuge zu sehen. Die Büros sahen aus, als hätte vor ein paar Minuten noch jemand darin gearbeitet.

Sie hielten sich aber nicht lange auf und fuhren weiter Richtung Osten. Nach ein paar Stunden klingelte Jawaads Handy. „Ich wusste nicht, dass ich hier überhaupt Empfang habe", murmelte dieser. Dann sprach er eine halbe Stunde auf Arabisch weiter. Als er auflegte, war er recht nachdenklich. „Da hat uns jemand in sein Zelt eingeladen. Er hat mir die genauen Längen- und Breitengrade des Ortes angegeben, zu dem wir fahren sollen. Und er meinte, wir hätten ja Satellitenverbindung, also könnten wir auch einfach dorthin finden. Er wusste auch, dass wir vor kurzem die libysche Grenze überfahren haben. Aufgrund seiner ganzen Art glaube ich auch, dass es besser wäre, zu ihm zu fahren. Ich kenne auch seine Stimme irgendwo her, aber mir fällt nicht ein, wo ich sie schon einmal gehört habe. Der Treffpunkt scheint auch einigermaßen auf unserer Route zu liegen."

Sabrina stellte eine Satellitenverbindung her und gab ihnen die Richtung vor. Nach einer weiteren Stunde sahen sie am Horizont ein paar Zelte stehen. Mitten in der Wüste, am Rand der Schotterpiste, auf der sie gerade fuhren. So, als hätte man sie schon länger erwartet. Die Zelte waren groß, wie sie beim Näherkommen erkannten. Sie waren auch reich verziert und vor jedem Eingang lag ein Teppich.

Sie stellten den Bus ab, stiegen aus und gingen alle zusammen, etwas nervös, da sie nicht wussten was sie erwartet, zum größten der Zelte. Es hatte die Ausmaße eines kleinen Bungalows und innen wurden sie von einem kühlen Halbdunkel empfangen. Erstaunt sahen sie sich um. Da waren Coca-Cola-Automaten auf der einen Seite, auf der anderen Flipper-Automaten. Etwas weiter weg standen langsam vor sich hin qualmende Wasserpfeifen und daneben köchelte Tee. „Fehlt nur noch ein Swimming-Pool", meinte Maria. „Den gibt es hier auch", meinte Sabrina, hinter einen Wandvorhang blickend.

Von draußen hörten sie auf einmal das Geräusch eines schnell näherkommenden Wagens. „So, jetzt haben sie uns", meinte Jamal, „wären wir besser nicht hierhergekommen." Sie gingen nach draußen, aber das Einzige, was sie sahen, war ein einzelner offener Jeep, der anscheinend mit Höchstgeschwindigkeit zu ihnen raste.

Da sich in dem Jeep nur eine Person befand, waren sie wieder etwas entspannter. Der Jeep kam neben ihrem Bus in einer Staubwolke zum Stehen und der Fahrer, in Beduinentracht gekleidet, sprang heraus.

Jawaad stutzte kurz und meinte dann: „Darf ich vorstellen – Mu'ammar Abu Minyar al-Qaddhafi, einer der dienstältesten Diktatoren dieser Erde. Und ich hoffe, er spricht kein Deutsch." Gaddafi nahm seine riesige Sonnenbrille ab, grinste sie alle an und ließ sich jedem, übersetzt von Jawaad, vorstellen.

„Gehen wir hinein", meinte er dann in etwas holprigem Englisch, „drinnen ist es kühler und es gibt etwas zu trinken. Und entschuldigen sie bitte meine Verspätung, ich bin schon seit Jahren nicht mehr selbst Auto gefahren und wusste weder, wo im Palast die Schlüssel liegen, noch wie man diese modernen Dinger startet. Aber jetzt habe ich es ja geschafft. Die Automaten funktionieren ohne Münzen, die Firma, die sie aufstellt, gehört mir, bedient euch! Da habt ihr ja ein schönes Schlamassel angerichtet", sprach er weiter, nachdem es sich alle auf großen Kissen und Sofas bequem gemacht hatten. „Wir haben doch nichts gemacht", meinte Karl-Wilhelm. „Doch", entgegnete Gaddafi. „Mit ihrem Willen, sich bei jemandem entschuldigen zu wollen, haben sie Menschlichkeit gezeigt. Ihr Weg nach Jerusalem ist mutig. Und ihr bisheriger Weg beweist ihre Toleranz und Nächstenliebe. Das alles zur richtigen Zeit, für alle zum Miterleben bei Youtube, hat die meisten Regierungen dieser Erde in den letzten Tagen gestürzt. Ich weiß, dass ihr davon keine Ahnung habt. Nach dem großen Pilgerstrom durch die Türkei und Syrien haben die Mächtigen, die es noch gibt, eine absolute Nachrichtensperre verhängt. Das wird auch nicht mehr lange halten, aber die Welt ist noch unwissend. Da ich meine eigenen Geheimdienste habe, erzählte ich euch einmal, was ich so weiß: Das Saudi-Arabische Königshaus ist mit 1.600 Prinzen in die Schweiz geflohen. Ohne Gewaltanwendung ist es dem Volk dort gelungen, jedem Mächtigen zu verdeutlichen, dass er bleiben kann, aber ohne Privilegien, oder gehen muss. Das Gleiche ist in Israel und Palästina geschehen. Irgendjemand hat die kluge Frage gestellt, was die Politiker auf beiden Seiten in den letzten 50 Jahren Besonderes geleistet haben. Seither steht es in Israel wie in Palästina den ehemals Mächtigen frei, das Land zu verlassen oder als einfache Menschen weiterzuleben. Und das passiert, bis auf wenige Ausnahmen, im Moment in der ganzen Welt. Die russischen Streitkräfte sind nur noch zu 10 % vorhanden, der Rest organisiert die Pilgerfahrt von Millionen nach Jerusalem. Die Zeltstädte in Mekka werden gerade abgebaut und per Flugzeug nach Jerusalem gebracht. Der Kurs des Schweizer Franken ist aufgrund der starken Nachfrage in unerschwingliche Höhe geschossen und auf den Schweizer Flughäfen weiß keiner mehr, wohin mit den Flugzeugen. Rückflüge werden nicht nachgefragt. Nur zwei Staatsgebilde halten sich noch ein wenig. Das eine ist die USA, das andere der Vatikan. Und jetzt kommt die Information, die mich dazu brachte, mit euch zu reden. Gestern

Abend rief mich der Papst an. Er sagte, er könne mir zwei Atombomben besorgen. Mit der einen sollte ich euch vernichten, mit der anderen könne ich machen, was ich wolle. Die Mächtigen dieser Welt wussten die ganze Zeit, wo ihr seid, es wäre also ein Leichtes gewesen. Es wurden auch mehrere Raketenangriffe auf euch geplant, aber sie scheiterten an der Ausführung. Kein Techniker fand sich bereit, ein Waffensystem auf euch zu richten. Ganz im Gegenteil, wenige Stunden nach der Befehlserteilung lösten sich die betroffenen Streitkräfte meistens von selbst auf. Da ich über die Kaltblütigkeit des Papstes doch etwas erschüttert war, dachte ich über euch nach. Ich sorgte dafür, dass niemand aus meinem Staatsapparat mit euch persönlich in Kontakt kam und ich eine Chance hatte, mit euch zu reden. Obwohl auch meine Macht wankt. Der größte Teil meiner Busse ist verschwunden und meine Leibgarde habe ich seit Tagen nicht mehr gesehen. Ich lehnte also die Bitte des Papstes ab. Es scheint mir übrigens, dass er relativ alleine im Petersdom war, er fürchtet also auch um die Macht der Kirche. Von einem Gabriel hat er mir auch erzählt, mit dem er noch ein Hühnchen zu rupfen habe, aber das kann ich auch missverstanden haben. Barack Obama hat mich kurz danach angerufen. Er schickt 3 Flugzeugträger voll mit Immigration-Officers. ‚Niemand kann Menschen so gut an einer Grenze aufhalten', meinte er, ‚wie diese Beamten'. Die Flugzeugträger befinden sind jetzt irgendwo im Suez-Kanal. Aber macht euch keine Sorgen, ich habe gehört, die Einheimischen dort wollen die

Immigration-Officers nicht von Bord gehen lassen. Sie bringen ihnen ständig neue Formulare, auf Arabisch, die man angeblich ausfüllen muss, bevor man das Land betreten darf. Inzwischen wird auch Altpapier von Nachbarländern angefordert, alle anderen Formulare haben die ca. 12.000 Immigration-Officers bereits brav ausgefüllt. Kugelschreiber scheinen auch knapp zu werden. Ich habe für euch meine Kontakte spielen lassen und kann euch freie Fahrt durch Libyen und Ägypten bis an die israelische Grenze garantieren. Treibstoff und Verpflegung sind gratis. Wenn ihr wissen wollt, warum ich das mache - keine Ahnung. Vielleicht habe ich so etwas wie ein schlechtes Gewissen, bisher wurde ich zumindest davon nicht geplagt. Und für Dich, Karl-Wilhelm, haben meine Geheimdienste herausgefunden, wo in Jerusalem der Mann wohnt, bei dem du Dich entschuldigen willst.“ Er reichte ihm eine Adresse und ein Bild des Hauses. „Da wirst du ihn finden, ich glaube, er ist etwas nervös. Er hat dich in den Nachrichten wiedererkannt. Von meinem Geheimdienst hat er nichts bemerkt.“ „Das ist genau die Straße, durch die damals Jesus am Gründonnerstag zog“, rief die kleine Sheherazade, als sie sich auch das Bild anschaute. „Und woher weißt du das?“ wollte Maria wissen. „Er hat mich dort auf den Arm genommen und geküsst“, sagte Sheherazade. Die anderen wussten nicht so recht, was sie davon halten sollten und schauten sich stumm an.

Gaddafi rief noch im Weggehen: „Ich muss jetzt wieder schauen, was von meinem Staat noch übrig ist, legt bei wem auch immer ein gutes Wort für mich ein“, sprang in seinen Jeep und raste davon. Karl-Wilhelm meinte, er sei völlig fertig, aber solange niemand zu schaden käme, wäre das ganze weltweite Durcheinander ja nicht so schlimm.

18 Die Yalda-Nacht

Nachdem Gaddafi, der sie eigentlich kaum zu Wort kommen ließ, wieder davongerast war, versorgten sich die Reisenden aus dem Zelt noch mit Speisen und Getränken und machten sich dann weiter auf den Weg an die ägyptische Grenze. Die Wüste zog sich endlos. Woher Jamal wusste, wohin sie fahren sollten, war ihnen ein Rätsel. Manchmal bat er Karl-Wilhelm, anzuhalten. Dann stieg er aus, besah sich lange die öde Landschaft und den Horizont. Er prüfte die Beschaffenheit des Bodens, schien auch manchmal im Wind zu schnuppern, bis er dann eine neue Richtung vorgab. Niemand wollte ihn beleidigen und so wagte auch niemand zu fragen, ob er denn wisse, wo sie sich befanden. Bekannterweise schlägt diese Frage weltweit allen Männern auf den Magen und aufs Gemüt.

Die Abenddämmerung brach bereits herein, als sie in der Nähe von Jakharra zu einer Oase kamen. Die Bewohner begrüßten sie und wussten auch, wen sie da als Gäste bei sich hatten. Es stellte sich heraus, dass es eine kleine persische Gemeinde war, die da seit Generationen lebte. Die Unterhaltungen waren ein lebhaftes Durcheinander in Arabisch, Farsi, Französisch und gebrochenem Englisch. Die persischen Familien bereiteten gerade das Yalda-Fest vor. Ein Fest, bei dem man zu den Ältesten in die Häuser geht, die ganze Nacht bei Essen und Trinken verbringt und die längste Nacht des Jahres feiert. Eine uralte Tradition, die auf Zarathustra zurückgehen soll.

Es war die erste Erfahrung mit persischer Gastfreundschaft, die die Reisenden machten. Und so hatten sie am Anfang noch die Illusion, gleich nach dem Abendessen weiterfahren zu können. Doch sie wurden königlich bewirtet und charmant, aber bestimmt immer wieder gebeten, doch noch zu bleiben, sodass jeder Versuch, sich zu verabschieden, fehlschlug. Und immer, wenn sie dachten, jetzt sei alles gegessen und sie würden gleich platzen, kam noch eine Köstlichkeit auf den Tisch.

Weit nach Mitternacht bei Tee und Wasserpfeife, nachdem sie alle Abenteuer erzählt hatten, die ihnen bisher passiert waren, und alle Gemeindemitglieder und deren Geschichte kannten, sah einer der Familienväter Karl-Wilhelm sehr ernst an. Er winkte Jawaad herbei und bat, zu übersetzen. „Vor langer Zeit kam bei uns ein Sanusiya vorbei, ein Ordensbruder. Er war auf dem Weg von Libyen nach Ägypten, wie ihr heute. Er hatte allerdings nur ein altersschwaches Kamel dabei, zu wenig Wasser und noch weniger zu Essen. Es war die Yalda-Nacht, wie heute. Er hat es nie gesagt, aber es schien meinem Urgroßvater damals so, als sei er auf der Flucht. Bevor er weiterzog, hat er meinem Urgroßvater Folgendes erzählt und ihn gebeten, es nie zu vergessen und es seinem Sohn weiterzuerzählen:

‚Es wird eine Zeit kommen, in der sich alles ändert. Die alten Gesetze werden nichts mehr wert sein, die

JERUSALEM
+Sonderfahrt+
O 333-1

Mächtigen werden fliehen. Die Völker der Welt werden nach Osten ziehen. Nichts kann sie aufhalten und dort, wo sie sind, wird Frieden unter den Menschen sein. In der längsten Nacht des Jahres werden dann hier in eurer Oase fremde Männer, Frauen und ein Kind erscheinen. Sie werden aus dem Westen kommen. Sie haben ein Buch, das es nicht geben kann und in dem nur einer lesen kann, und ein Schwert, das nicht schlagen kann. Gebe diesen Fremden diesen beschrifteten Stein, den ich Dir jetzt überreiche. Der, welcher das Buch lesen kann, wird auch die Zeichen auf dem Stein lesen können. Das Kind wird das Buch erkennen, wenn es die richtige Zeit ist. Der, welcher lesen kann, wird wissen, was mit dem Schwert zu tun ist, wenn es die richtige Zeit ist.'

Damit endeten die eigenartigen Worte des Sanusiya und wir haben ihn nie wieder gesehen. Nun, wir sahen euch aus dem Westen kommen. Habt ihr denn ein Buch, das es nicht geben kann? Wobei wir nicht wissen, was das sein sollte." „Wir hatten eines", antwortete Jamal, „aber das ist weit weg in der Wüste bei meinem Stamm." „Öh, nein", meinte Gabriel, „ich habe ständig darin gelesen und es in den Bus mitgenommen, da ist es jetzt noch. Verzeih mir bitte. Ich hätte es auch sicher wieder zurückgeschickt." Gabriel war ganz rot geworden. „Na ja", meinte Jamal, „jetzt können wir es ja anscheinend brauchen."

„Ja, Väterchen", sagte Jawaad, „wir haben ein Buch, das es nicht geben kann. Ein als Buch gebundenes, auf Papyrus geschriebenes Werk, das jüdische, christliche und islamische Texte enthält." „Und das Schwert, das nicht schlagen kann?", fragte der Perser weiter, „habt ihr auch so etwas?" Gabriel zeigte ihm seinen Schwertgriff. Der Perser nickte bedächtig. Dann stand er auf, ging zu einer Truhe und entnahm dieser einen handtellergroßen, flachen, schwarzen Stein. Auf ihm waren eindeutig Schriftzeichen zu sehen.

Gabriel besah sich den Stein von beiden Seiten. Den anderen teilte er mit „Oben steht so etwas wie ‚Gesetzestafel'. Dann kommen die Gesetzestexte."

19 Eine Horde Rabbiner

„Um genau zu sein", sagte Gabriel, „es sind nur zwei Gesetze auf diesem Stein verzeichnet. Aber die haben es in sich. „Und was steht in diesen Gesetzen?" wurde er von allen Seiten bedrängt. Gabriel holte tief Luft und verkündete:

„§ 1: Gesetze sind verboten.

§ 2: Sollten doch Gesetze notwendig sein, gilt § 1."

„Zusammen mit dem Schwert, das nicht mehr schlagen kann, klingt das sehr nach Anarchie. Das ist doch auch ein alter Sponti-Spruch, oder war er von den Autonomen: ‚Keine Macht für niemand.'" Georg grübelte angestrengt. „Und was hat es mit dem Buch auf sich, das es nicht geben kann?", fragte er Gabriel. „Ich habe es bei weitem noch nicht ganz gelesen, aber doch schon einiges davon. Und ich habe mich lange gefragt, wo der gemeinsame Unterschied zur Bibel, zum Koran oder zur Thora liegt. So ganz begriffen habe ich es noch nicht: Es gibt keine Schöpfungsgeschichte in diesem seltsamen Buch, es gibt aber schon den Auszug aus Ägypten und viele Legenden und Gleichnisse, die man in der Bibel findet. Ich habe aber nirgends die Zehn Gebote der Bibel oder die Fünf Gebote des Korans gefunden. Ich kann auch keine Auferstehung finden, keine Erwähnung eines Paradieses, kein jüngstes Gericht, keine Wunder, keine Heilungen. Es kommt mir vor wie ein großes Märchenbuch, in dem ein paar Lebensweisheiten verarbeitet wurden."

„Ganz einfach", meinte Maria, „in diesem Buch fehlt das, was die Religionen ausmacht. Der Glaube an einen Gott, an ein Jenseits, an eine höhere Macht. Und wenn dieses Buch der Ursprung und die Quelle für alle anderen war, dann sind die Religionen wohl erst später hinzugekommen. Vielleicht als eine der besten Marketing-Ideen, die es jemals in der Menschheitsgeschichte gegeben hat. Zumindest für die, welche gerade die Macht hatten und die Wahrheit für sich in Anspruch nehmen. Ich kann es zwar nicht lesen, aber ich glaube, mir gefällt das Buch, das es nicht geben kann."

Alle betrachteten ehrfürchtig das Buch und blätterten darin, obwohl sie, außer Gabriel, nichts lesen konnten und sich nur ein wenig durch die Bilder an die Bibel oder den Koran erinnert fühlten.

„Wenn wir irgendwann in Jerusalem ankommen wollen, sollten wir weiterfahren. Sonst überlegt es sich Gaddafi womöglich noch einmal anders und wir bekommen Schwierigkeiten", sagte Jamal. So stiegen also alle wieder in ihren Bus und, mit Jawaad als Fahrer, da Karl-Wilhelm doch recht müde war, raste dieser mit sichtlich viel Spaß weiter Richtung Osten und somit auf die ägyptische Grenze zu.

An der Grenze zu Ägypten erwartete sie das gleiche Bild wie vorher an der algerisch-libyschen Grenze. Alles verlassen, offen stehende Türen und Fenster in den

Zollgebäuden. Niemand zu finden. Also fuhren sie weiter Richtung Israel, oder hatten es zumindest vor. Nach ungefähr 200 Kilometern kam vom Motor des Busses auf einmal ein mahlendes und kreischendes Geräusch, ein starkes Bremsen, und dann nichts mehr.

„Wahrscheinlich ein Motorschaden, vom Staub“, meinte Jamal. „Das kommt hier öfters vor.“ Alle schauten sich ratlos an. „Und jetzt?“, fragte Karl-Wilhelm. „Soll ich den ADAC anrufen, oder was macht man in der Wüste 100 km vor dem Nil jetzt Kluges?“ „Wir können warten, bis es dunkel wird und damit auch kühler, dann bepacken wir uns mit so viel Wasser und Lebensmitteln, wie wir tragen können, und gehen zu Fuß weiter, bis wir auf Menschen treffen“, meinte Jamal, dem die Situation nicht viel auszumachen schien.

Da ohne Klimaanlage das Innere des Busses schnell heiß wurde, setzten sich alle draußen in den Schatten des Busses. Es vergingen mehrere Stunden und zum ersten Mal auf ihrer Reise machten sie sich ernsthaft Sorgen über ihr Weiterkommen. Alle dösten vor sich hin, als Sabrina auf einmal sagte: „Da rechts kommt was. Eine Staubwolke oder so etwas.“ „Sieht aus wie ein kleiner Sandsturm, meinte Jamal, oder viele Fahrzeuge. Lasst uns in den Bus gehen, ein Sandsturm ist nicht ungefährlich.“

Nach ein paar Minuten konnten sie sehen, dass es viele Fahrzeuge waren. Und nach ein paar weiteren Minuten sahen sie, dass es ungefähr 20 Quads waren, die in einem höllischen Tempo auf sie zukamen. Und als die Quads ganz nahe bei ihnen waren, erkannten sie, dass die Fahrer alle wie orthodoxe Juden gekleidet waren. Kippa, Schläfenlocken, Gebetsschal mit Schaufäden, schwarze Hose und weißes Hemd. „Oh je", meinte Jawaad, „jetzt kommen die Orthodoxen und erklären uns, dass wir nicht nach Israel und schon gar nicht nach Jerusalem dürfen."

„Schalom", grüßte der erste junge Mann, der zu ihnen gelaufen war, nachdem er sein Quad etwas entfernt, wohl um sie vor dem Staub zu bewahren, abgestellt hatte. „Wir sind Studenten der Hebräischen Universität von Jerusalem und haben auf den Satellitenbildern gesehen, dass sich seit mehreren Stunden der Bus nicht mehr von der Stelle rührt. Da haben wir uns Sorgen um euch gemacht und sind gekommen, um euch zu helfen. Wir können euch leider nur eine Mitfahrt auf den Quads anbieten, etwas anderes gab es wohl in ganz Israel nicht mehr, womit man fahren kann. Alle Straßen sind verstopft mit fröhlichen Menschen und tausenden von Fahrzeugen, die einfach so weit Richtung Jerusalem fahren, wie es geht, und dort dann campieren." „Da sieht man mal, was man von seinen eigenen Vorurteilen halten sollte", murmelte Jawaad, etwas betreten.

Der junge Mann hatte in einwandfreiem Deutsch gesprochen, deutete nach seiner kleinen Ansprache in die Richtung der Quads und lächelte etwas verlegen. „Tut uns wirklich leid, dass wir den berühmtesten Menschen der Weltgeschichte nichts anderes anbieten können."

„Maria“, fragte Sheherazade, „warum sind die Männer alle gleich angezogen?“ Bevor Maria antworten konnte, sagte der junge Mann, dass sie alle angehende Rabbiner seien, und ihnen ihre Religion diese Kleidung vorschreibe. „Na dann seid mal froh, dass wir jetzt § 1 haben“, sagte daraufhin Sheherazade fröhlich. Der junge Mann schaute sie etwas verwundert an, woraufhin Karl-Wilhelm meinte, dafür sei es noch etwas früh, das müssen wir den Menschen langsam beibringen.

Sie packten also möglichst viel auf die Quads und mussten sich schweren Herzens von ihren Bus verabschieden, der ihnen viele tausend Kilometer so treu gedient hatte. Die Fahrt auf den Quads war wesentlich unbequemer, aber zumindest Sheherazade hatten großen Spaß. Karl Wilhelm versuchte, sich schreiend mit dem vor ihm sitzenden Fahrer zu unterhalten. „Kommen wir denn über die Grenze nach Israel, ich dachte, die sei so scharf bewacht?“, fragte er. „Das ist nicht das Problem“, brüllte sein Fahrer gegen den Fahrtwind und den lauten Motor zurück. „Wir haben ganz andere Probleme.“ „Und die wären?“, wollte Karl-Wilhelm wissen. „Kein Benzin mehr an den Tankstellen, riesige Staus auf jeder Straße und Millionen von Menschen, die auf dem gleichen Weg sind, wie wir gerade. Ihr werdet es in ein paar Kilometern schon sehen.“

Sie fuhren über eine leichte Anhöhe und oben auf dem Kamm der Anhöhe blieben sie alle mit ihren Quads in einer Reihe stehen. Vor ihnen lag eine Zeltstadt, die sich in jede Richtung bis zum Horizont erstreckte. Und überall war die Fahne von Tongalesien zu sehen, mit den Palmen und den spielenden Kindern darauf. Sie alle hatten so etwas noch nie gesehen. „Das müssen Millionen sein“, sagte Sabrina. „Die letzte Schätzung geht von 50 Millionen Pilgern aus, die um Israel herum in solchen Zeltstädten auf die Weiterfahrt nach Jerusalem warten“, antwortete ihr deutsch sprechender Rabbiner. „Und diese werden wiederum von einem Millionenheer von Freiwilligen versorgt, die für Zelte, Wasser, Nahrungsmittel, Ärzte und alles, was man so braucht, sorgen. Und das alles funktioniert ohne zentrale Organisation. Niemand weiß, wie und warum, aber es funktioniert.“

„Können wir diese Zeltstadt umgehen?“, fragte Georg. „Nein“, meinte der Rabbiner. „Sie reicht von Alexandria über hunderte von Kilometern vom Mittelmeer in einem großen Halbbogen bis ans Rote Meer nach Hurghada. Aber in ein paar Stunden sind wir durch. Wir haben es ja auch geschafft, als wir zu euch fuhren. Mehr Sorgen macht mir, dass wir bald tanken müssen. Jetzt versuchen wir, über die großen Straßen nach Kairo zu kommen und von dort nach Suez.“

20 Ein Telefonat mit Karl-Wilhelm

Heute Nacht hat mich Karl-Wilhelm angerufen. Also mich selbst, in Sinne von ich, oder besser mich, den Autor. Gegen 1:30 Uhr. Deswegen bin ich jetzt, auf meiner Bahnfahrt von Karlsruhe nach Frankfurt, morgens kurz nach 6 Uhr, auch noch sehr müde.

Er wollte wissen, warum denn gerade er nach Jerusalem fahren müsse. Er hätte doch auch anrufen können. Nachdem wir jetzt wissen würden, dass Gaddafi die Adresse desjenigen herausgefunden habe, bei den er sich entschuldigen wolle. Und was in aller Welt denn die anderen Millionen von Menschen in Jerusalem wollen. Doch hoffentlich nicht, sich auch alle entschuldigen?

Ich, also der Autor, habe ihm dann erklärt, dass er schließlich nur ein Geschöpf meiner Phantasie sei. Und dass er sich in einem ganz besonderen Buch befände. Da war er ein bisschen beleidigt. Was das heißen solle - nur ein Geschöpf meiner Phantasie? Er habe ein ganz beschauliches Leben gehabt, in Deutschland, als Busfahrer. Da habe ich ihn herausgerissen. Jetzt habe er seinen Job verloren und sei seit Tagen unterwegs, durch fremde Länder und mit einem ungewissen Ausgang der Geschichte. Und den anderen würde es nicht viel besser gehen.

„So habe ich das nicht gemeint“, versuchte ich ihn wieder zu beruhigen. Ich sei ihm und den anderen dankbar dafür, dass sie für mich und meine geschätzten Leser diese lange Reise auf sich nehmen würden. Und dass sie nur Geschöpfe meiner Phantasie seien, sei nicht so gemeint, ich sei ja richtig stolz auf sie.

„Und was wollen die anderen alle in Jerusalem?“, fragte er dann noch einmal. „Das liegt an meiner Persönlichkeitsstruktur“, habe ich ihm dann erklärt. Es sei einer meiner größten Wünsche, dass Menschen endlich damit aufhören, Althergebrachtes immer nur weiterzuleben, statt kritisch zu hinterfragen und neue Wege zu gehen. Einen Sinneswandel herbeiführen. So bin ich halt. Also ich, der Autor. Und mein Über-Ich, welches ich gerade erfunden habe, von dem ich nicht weiß, ob es existiert und ob jetzt alle Psychologen die Hände über dem Kopf zusammenschlagen, hat mir befohlen, eine Geschichte zu schreiben, bei der die alten Gesetze keine Gültigkeit mehr haben. Und eine Geschichte, bei der Menschen Neues wagen. Und Menschlichkeit wollte mein Über-Ich haben, viel Menschlichkeit.

Also genau genommen hatte ich nur Lust, eine Weihnachtsgeschichte zu schreiben. Aber das mit dem Über-Ich fand ich jetzt relativ genial, oder?“

„Ok“, sagte Karl-Wilhelm dann, soweit habe er das verstanden. Alle machen Dinge, die sie vorher nie getan haben, verlassen ihren Alltag und ihre relative Sicherheit und fahren nach Jerusalem. „Was aber wollen sie denn da?“, fragte er sehr bestimmt.

„Sie wollen dabei sein“, sagte ich ihm. „Sie wollen erleben, wie sich etwas verändert, wie die Menschheit eine

Chance nutzt, es dieses mal besser zu machen. Sie wollen nicht später das Gefühl haben, etwas Großes verpasst zu haben.“

Das verstehe er, meinte Karl-Wilhelm. Er habe auch immer das Gefühl, etwas zu verpassen. Ich meinte dann noch, da solle er sich nichts daraus machen. Das läge auch an mir. Dadurch, dass er meine Kopfgeburt sei, würde er mir eben ein bisschen ähnlich sein. Das ist der autobiographische Teil in jedem Roman.

Damit war Karl-Wilhelm einigermaßen zufrieden. Wir haben uns noch verabschiedet, uns, falls wir uns nicht mehr hören, schon einmal schöne Weihnachtsfeiertage gewünscht und dann versucht, noch ein bisschen zu schlafen.

Das wollte ich ihnen, meinen verehrten Lesern nicht vorenthalten. Ich bin, ebenso wie sie, gespannt wie es die Reisenden jetzt durch die Zeltstadt schaffen. Und nun werde ich, zwischen Mannheim und Frankfurt, noch ein kleines Nickerchen machen.

21 Alte Bekannte

Wie es Mordechai, der deutsch sprechende Rabbiner, vorausgesagt hatte, wurde das Vorwärtskommen immer schwieriger. Benzin konnten sie sich nur noch beschaffen, indem sie die Tanks von Autos anzapften, die überall stehen gelassen worden waren. Und an einer Fähre über den Suez-Kanal trafen sie den Matrosen wieder, der ihnen sein Herz auf der Fähre von Gibraltar nach Tanger ausgeschüttet hatte. Nur sah er diesmal nicht wie ein Matrose aus. Vollbepackt mit Tüten und Taschen und einer ganzen Schar von Kindern winkte er ihnen vom Straßenrand. „Hallo, seid ihr auch schon da?“, fragte er grinsend mit einem Kauderwelsch aus Englisch, Französisch, Spanisch und Arabisch. „Ja, jetzt schon“, antwortete Karl-Wilhelm, der noch ein bisschen müde von dem nächtlichen Telefonat mit dem Autor dieser Geschichte war. „Wir müssen schließlich noch eine Lösung für Dein Problem finden.“ „Nein, das braucht ihr nicht mehr“, antwortete der Matrose. „Durch eine kleine Unachtsamkeit haben meine beiden Frauen voneinander erfahren. Sie haben vereinbart, dass ich mich jetzt ein Jahr um den Haushalt und die Kinder kümmern muss, sie machen in dieser Zeit Wellness. Und nach diesem Jahr werden wir alle zusammenziehen, die beiden Frauen verstehen sich erstaunlich gut und von der Eifersucht wurden wir verschont.“ „Gut“, meinte Karl-Wilhelm, „wer weiß, was sich die frommen Männer ausgedacht hätten. Das hat dich aber anscheinend nicht davon abgehalten, hierher zu kommen, oder?", fragte der den Matrosen noch. „Wir kamen gleich mit der ganzen Fähre nach Ägypten. Der Kapitän wollte nichts verpassen und da die Mannschaft einverstanden war, luden wir alle unsere Familien auf die Fähren und wer sonst noch mitkommen wollte und haben euch dabei anscheinend sogar überholt. Aber viel weiter kommen wir jetzt nicht mehr, es ist einfach zu voll." Sie winkten sich zum Abschied noch zu und die Quads bahnten sich mehr oder weniger schnell einen Weg durch die Menschmassen und völlig planlos aufgestellten Zelte und sonstigen Behausungen.

20 Kilometer vor Jerusalem war beim besten Willen kein Benzin mehr zu finden. Über ihren Köpfen herrschte zwar dichter Flugverkehr, aber Mordechai erklärte ihnen, dass seien Versorgungsflüge für die Pilger, und für Benzin hätte man einfach keinen Platz. Sie beschlossen, so weit es ihre Kräfte zuließen, zu Fuß weiterzugehen. Die Menschen erkannten sie, jubelten ihnen zu und sie wurden in vielen Sprachen als die Heiligen aus dem Abendland begrüßt und bejubelt. Nach ein paar weiteren Kilometern konnten sie ein großes Zirkuszelt erkennen, welches ihnen sehr bekannt vorkam. „Schnuggenagg ist auch schon hier", meinte Gabriel. Dieser kam auch gleich auf sie zugerannt. „Ich habe gerade gehört, dass ihr auf dem Weg seid, ich freue mich, euch wiederzusehen." „Wir freuen uns auch", meinte Maria, „wie kommt ihr denn hier her?"

JERUSALEM

„Ganz einfach", meinte Schnuggenagg. „Als alle Welt begann, nach Jerusalem zu ziehen, waren wir gerade in Madrid. Und dort hat Victor einem amerikanischen Piloten geholfen, ein riesiges Flugzeug zu reparieren. Er war gerade von Amerika eingeflogen und wollte weiter nach Jerusalem, musste auftanken, und dann ging wohl eine Turbine kaputt. Victor hat sie mit einem Ersatzteil aus meinem Traktor repariert. Ich glaube, das Flugzeug heißt Lockheed C5 Galaxy, ein Wahnsinns-Ding. Der Pilot meinte, wir dürfen 120 Tonnen einpacken. Klingt viel, ist aber für einen ganzen Zirkus nicht ausreichend. Er rief dann noch zwei Pilotenkollegen herbei, und mit drei dieser Galaxies und dem ganzen Zirkus sind wir dann hierher geflogen. Landen konnten die großen Flugzeuge auf den kleinen Landebahnen hier ganz knapp, ich habe Blut und Wasser geschwitzt. Da sie aber nicht mehr starten können, die Rollbahnen sind einfach zu kurz, wurden sie kurzerhand zu Hotels umgebaut. Aber ihr seht müde aus, und wo ist überhaupt der Bus?"

Die Reisenden erzählten ihm, was in den letzten Tagen so alles passiert ist. Schnuggenagg dachte kurz nach. Dann rief er etwas auf Romanes zu den Zirkuszelten. „Nun", meinte er, wir haben Elefanten, Kamele und Pferde. Darauf könnt ihr bequem weiterreiten und könnt euch dabei auch ausruhen."

So kam es, dass sich eine eigenartige Karawane auf die Stadtgrenze von Jerusalem zubewegte. Afrikaner und Europäer auf Elefanten, Kamelen und Pferden, geführt von Roma und Sinti aus der ganzen Welt. Ganz vorne, auf dem größten Elefanten, ritt Sheherazade, winkte allen zu und genoss ihren Ausritt ganz offensichtlich. Sie kamen gerade durch einen Teil der unermesslich großen Zeltstadt, in dem wohl hauptsächlich Afrikaner lebten. Diese riefen ihnen mehr und mehr, fast im Chor, etwas zu. „Verstehst Du, was sie rufen?", fragte Karl-Wilhelm Jawaad. „Ja", sagte dieser, „sie heißen Sheherazade, die Königin der Welt, willkommen."

„Die Königin der Welt", sagte Karl-Wilhelm verwundert. „Manchmal weiß ich nicht so recht, ob mich das alles freuen sollte, oder ob es mir unheimlich sein müsste." Sie waren inzwischen in den Straßen von Jerusalem und ohne groß fragen zu müssen, fanden sie ihren Weg Richtung Altstadt, wo nach den Recherchen von Gaddafis Geheimpolizei der Mann leben sollte, bei dem sich Karl-Wilhelm entschuldigen wollte. Die Straßen wurden immer enger, und von den Rücken der Elefanten aus konnten sie die Hände der Menschen schütteln, die auf ihren Balkonen im ersten Stock standen.

Plötzlich blieb Sheherazade mit ihren Elefanten stehen. Vor ihr stand, etwas verlegen, ein Verkehrspolizist. „So große Tiere sind in der Jerusalemer Altstadt nicht erlaubt", rief er nach oben. „Gibt es da ein Gesetz dagegen?", fragte Sheherazade zurück. „Natürlich", antwortete der Polizist. „Na, dann gilt ab sofort § 1!" rief Sheherazade fröhlich und ließ einen etwas verunsicherten Polizisten am Straßenrand zurück.

22 Drei arbeitslose Geistliche

Karl-Wilhelm stand jetzt mit seinem Elefanten genau vor dem Haus, in welchem, zumindest nach den Ermittlungen des libyschen Geheimdienstes, der Mann wohnen sollte, den er in Deutschland so wüst beschimpft hatte. Er bat die anderen, mit den Tieren weiterzuziehen. Nicht nur, weil er die Sache mit der Entschuldigung alleine erledigten wollte, sondern auch, weil die Tiere begannen, die Balkonpflanzen und Blumensträuße abzuweiden, mit denen die Straße geschmückt war. Das war ihm doch zu peinlich.

Er sprang von seinem Elefanten und betrat einen kühlen, halbdunklen Hausflur. Mendelsohn, stand auf dem Zettel. Auf den Klingeln waren aber leider hebräische Schriftzeichen. „Davon sieht nichts nach Mendelsohn aus“, dachte sich Karl-Wilhelm und drückte auf die erstbeste Klingel. Ein Imman öffnete ihm die Tür, lachte, sagte etwas auf arabisch zu ihm, nahm ihn an der Hand und zog ihn die Treppe hinauf zur nächsten Tür. Dort klingelte Karl-Wilhelm wieder. Diesmal öffnete ein Rabbiner, und es geschah genau das Gleiche, die beiden wanderten mit ihm ein Stockwerk höher und ließen Karl-Wilhelm an der dritten Tür klingeln. „Jetzt kommt ein Pfarrer“, dachte sich Karl-Wilhelm, und mit dem gehen wir dann hoffentlich zu meinem ehemaligen Fahrgast. Ein orthodoxer Christ, gekleidet im vollen Ornat eines Patriarchen, öffnete ihnen die Tür. „Herzlich willkommen“, begrüßte er sie, und Karl-Wilhelm erkannte die Stimme sofort wieder. Das war sein Fahrgast von damals. Karl-Wilhelm wurde etwas verlegen und rot.

„Sie wissen ja sicher, warum ich hier bin?“, fragte er den Patriarchen. „Natürlich“, meinte dieser. „Aber Sie müssen sich nicht entschuldigen. Jeder hat einmal einen schlechten Tag und sagt etwas Unbedachtes. Ich glaube eher, wir drei Geistlichen müssen uns stellvertretend bei dem Rest der Welt entschuldigen. Aber kommt erst einmal rein.“

Der Patriarch führte sie durch eine enge Wohnung, zugestellt mit Regalen, die mit Büchern vollgestopft waren. „Ich werde für uns übersetzen, meine beiden Amtskollegen sprechen leider nur Hebräisch und Arabisch, kein Deutsch. Das braucht man hier aber auch recht selten“, lachte er. Immer, wenn Karl-Wilhelm dachte, man habe jetzt das letzte Zimmer erreicht, ging es um die nächste Ecke, durch ein weiteres Zimmer durch den nächsten engen Gang. „Hier finde ich nie wieder raus“, dachte er bei sich.

„Es war uns dreien immer wichtig, dass niemand zufällig hier herein findet“, erklärte der Patriarch, der sich dann auch mit dem Namen Peter oder Petrus vorstellte. Inzwischen ging es nicht mehr durch Türen oder Gänge, sondern sie mussten mit vereinten Kräften Regale zur Seite schieben und versteckte Öffnungen aufstemmen. Irgendwann waren auch keine Wände mehr um sie, sondern nackter Felsen.

„Wo bringen sie mich denn hin?“, fragte Karl-Wilhelm den vorauseilenden Petrus. „Zurück zum Anfang“, war dessen Antwort. „Wie Sie sicher wissen, ist Jerusalem uralt und umso weiter man in Richtung des Kerns der Altstadt vordringt und umso tiefer man in den Kellern und Katakomben kommt, umso älter werden die Gebäude. Durch die Gänge, durch die wir gerade gehen, gingen vor tausend Jahren auch die Tempelritter, hier traf man sich auch mit Salladin zu geheimen Gespräche und Friedensverhandlungen. Aber sie wissen ja, wie das leider ausgegangen ist.“

Inzwischen waren sie so weit vorgedrungen, dass es kein elektrisches Licht mehr gab. Petrus gab ihnen Taschenlampen und in deren Schein gingen sie immer weiter in die Vergangenheit, Karl-Wilhelm schien es dabei, es ginge auch immer schräg nach unten. Die nächste Tür war ein Felsen, den sie nur mit Mühe zur Seite schieben konnten. Am Hallen der Schritte und an den Strahlen der Taschenlampe, die sich entfernt im Dunkel verloren, erkannte Karl-Wilhelm, dass sie sich wohl in einem großen Raum befanden.

„Wir machen gleich Licht“, meinte Petrus. Die drei Geistlichen begannen, Dutzende von Kerzen anzuzünden, und bald konnte Karl-Wilhelm sehen, dass sie sich in einem gigantischen Thronsaal befanden. Alles war prächtig ausgeschmückt, so als hätte hier gestern noch ein König eine Audienz gegeben.

„Wir sind im untersten Teil des Felsendoms. Niemand außer uns dreien, und jetzt natürlich Du, kennt diesen Ort. Das war der Thronsaal, den man vor 2.000 Jahren für den König aller Könige gebaut hatte. Aber es kam anders, wie du ja weißt. In dem Buch, das ihr mit euch führt, werdet ihr auch nach einigem Lesen auf die richtige Geschichte treffen. Es ging nicht um einen König im Jenseits. Schon damals hatten die Menschen Sehnsucht nach Frieden. Es ging um einen sehr weltlichen König. Wenn man es richtig übersetzt, ging es um eine unschuldige Königin. Leider haben damals die politischen und religiösen Extremisten alles zerstört. Und viel Besseres haben die Religionen seither auch nicht erbracht oder bewirkt."

Karl-Wilhelm schaute sich ehrfürchtig um. Und in der deutschen, direkten Art fragte er einfach, warum man ihm das alles zeige, wo es doch so geheim sei. Er sei weder eine Königin, noch unschuldig. „Nein", antworte Petrus, nachdem er sich auf Arabisch mit seinen Kollegen beraten hatte, „Du bist es nicht. Sheherazade ist die Königin. Die Menschen fühlen es in ihren Herzen und haben sie auch schon so begrüßt, du hast es nur nicht in den für Dich fremden Sprachen verstanden."

„Oh doch", dachte Karl-Wilhelm bei sich, „Jawaad hat es mir ja übersetzt. Nur hielt ich es für die allgemein etwas übertriebene orientalische Höflichkeit, ein Kind so zu begrüßen." „Und was machen wir jetzt?", wollte er von den anderen wissen. Auch ohne die Übersetzung von Petrus verstand er, dass man jetzt die anderen und vor allem Sheherazade holen wolle.

23 Ein Thron mit drei Symbolen

Karl-Wilhelm traute sich nicht alleine zurück durch die Vielzahl von Gängen und Türen, durch die sie in den 2.000 Jahre alten Thronsaal gekommen waren. So gingen sie alle vier wieder zurück und Karl-Wilhelm holte auf der Straße seine Reisegefährten hinein in die Wohnung des Patriarchen Petrus. Er fühlte sich sehr unsicher und fragte sich die ganze Zeit, ob man so etwas einem Kind zumuten könne. „Ach, übrigens, du bist jetzt Königin." Wie sollte er ihr das denn sagen? Da fiel ihm ein, Maria um Hilfe zu bitten.

Er erklärte also Maria, was denn nun passieren sollte. Irgendwie wäre er auch damit einverstanden gewesen, wenn sie ganz heimlich verschwunden wären. Aber den drei Geistlichen schien alles so selbstverständlich und so vertraut, dass es sich auch für Karl-Wilhelm irgendwie richtig anfühlte.

Maria hörte sich die Erklärungen von Karl-Wilhelm ganz gelassen an. „Das ist wohl das Ziel ihres Lebens, davon träumt sie jede Nacht", war ihre Antwort. Karl-Wilhelm bekam eine Gänsehaut. Das war etwas Größeres, als er wohl mit seinem kleinen Verstand fassen konnte. Maria rief Sheherazade zu sich, die sich inzwischen die vielen Bücher in der Wohnung angeschaut hatte, und erklärte ihr, was jetzt passieren sollte. Sheherazade wurde ganz würdig und ernst und meinte nur, man solle alle

Vorbereitungen treffen. Morgen Abend, am 24.12., wolle sie sich zur Königin der Menschheit krönen lassen.

Die drei Geistlichen baten die Reisenden, sich in den Schlafzimmern, die es auch verwinkelt in der Wohnung gab, auszuruhen. Morgen, am späten Nachmittag, würde man sie abholen. Den Rest würden sie schon alleine erledigen, schließlich habe man sich darauf 2.000 Jahre vorbereitet. Nur das Kamerateam würden sie bitte noch brauchen, davon habe man ja damals nichts gewusst.

Maria versorgte Sheherazade, die nach einem Bad sofort erschöpft einschlief. Den anderen erging es ähnlich, kaum berührte ihr Körper ein Bett, schliefen sie auch schon ein. Nach den Strapazen der letzten Tage war das kein Wunder und so schliefen sie auch bis in den Nachmittag des folgenden Tages.

Karl-Wilhelm wurde von Petrus geweckt und dachte zuerst, das mit der Krönung sei alles nur ein seltsamer Traum gewesen. Als ihn Petrus aber nach einem kurzen, aber kräftigendem Mahl bat, ihm in den Krönungssaal zu folgen, wurde ihm wieder bewusst, dass er sich in der Realität befand und gleich ein Kind zur Königin der Menschheit gekrönt werden sollte.

Sie bekamen alle reich verzierte, lange wallende, bequeme Gewänder, ihre Reisekleider waren sehr schmutzig und teilweise zerrissen. „Wo ist denn Sheherazade?“, wollte Jawaad wissen. Sie wurde schon vor einiger Zeit von ein paar Frauen abgeholt. Eine davon sprach auch Deutsch, „Mach’ Dir keine Sorgen“, war Marias Antwort.

Sie betraten, durch die gleiche Tür wie am Vortag Karl-Wilhelm, den Krönungssaal. Nur war dieser jetzt hell erleuchtet und voller Menschen. Aber nicht voller Würdenträger, sondern vor allen Dingen in den ersten Reihen saßen Mütter mit Kindern, gebrechliche Greise, Bettler und alle Menschen, die sonst nie bei solchen Gelegenheiten überhaupt eingeladen worden wären. Nach einer kleinen Weile wurde es sehr still und eine ganz in Weiß und Gold gekleidete Sheherazade betrat mit einen langen Schleppe, die von ernst schauenden Kindern aus der ganzen Welt getragen wurde, den Saal.

Mit langsamen Schritten näherte sie sich dem riesigen Thron und nahm auf diesem Platz. Die drei Geistlichen öffneten mit einem komplizierten Ritual eine goldene Truhe, entnahmen daraus eine kleine Krone und trugen diese zu dritt zu Sheherazade.

Während die drei laut Sätze in einer uralten, von niemand mehr beherrschten Sprache sagten, senkte Sheherazade leicht ihren Kopf und die drei Geistlichen setzten ihr die Krone auf, ohne ihren unverständlichen Sprechgesang zu unterbrechen. Dann traten die drei zu Seite und alle im Krönungssaal sowie dank des Kamerateams auch die ganze Welt sahen eine gekrönte Sheherazade. Danach legten die drei Geistlichen alles ab, was nach einem religiösen Würdezeichen aussah, so dass die drei zum Schluss dastanden wie gewöhnliche Männer von der Straße. Ein unbeschreiblicher Jubel brach los und es dauerte viele Minuten, bis es wieder so still wurde, dass Sheherazade sprechen konnte.

„Ich bin jetzt eure Königin. Ihr scheint es so gewollt zu haben. Gabriel hat mir heute Nacht viel erklärt. Und deswegen werde ich nach den wenigen Minuten, die ich jetzt Königin bin, auch gleich wieder abdanken“, sagte Sheherazade, worauf ein erstauntes Raunen durch den Saal ging. „Niemand soll über einen anderen herrschen, das haben die letzten 2.000 Jahre gezeigt. Und deswegen werde nicht ich hier auf dem Thron sitzen, sondern hier werden nur drei Symbole liegen bleiben. Der Stein der Gesetze, das Schwert, das nicht mehr schlagen kann, und das Buch, das es nicht geben kann. Zur Erinnerung der Menschen daran, was ihnen wichtig sein sollte und was man alles falsch machen kann.“

Die Menschen mussten erst ein wenig nachdenken, bevor sie verstanden, was gerade passiert war. Es würde keine Könige mehr geben, der für irgendetwas verantwortlich war und der herrschte. Sie waren alle gerade in die Eigenverantwortung entlassen worden. Und wenn es gut ging, auch für alle Zeiten.

Wer es nicht verstand, konnte jederzeit nach Jerusalem reisen, sich dort den leeren Thron und die Symbole anschauen. Mit ein bisschen Nachdenken kamen die meisten dahinter. Den anderen halfen drei einfache Männer, die Hebräisch, Arabisch und ein paar andere Sprache beherrschten und sich gut in den Gemächern hinter dem Thronsaal auskannten.

24 Das Nachwort

In vielen Büchern und Geschichten gibt es ein Vorwort. Hier gibt es ein Nachwort. Nachdem also Sheherazade nach einem Tag abgedankt hatte und seither nun der leere Thron in Jerusalem steht, hat sich einiges ereignet.

Regierungen gibt es nicht mehr, die Menschen können auch so ganz gut zusammen leben. Das Geld ist auch überflüssig geworden, jeder tut für den anderen, was in seinen Kräften steht. Kleingärten stehen jetzt richtig hoch im Kurs, genauso wie das Handwerk und die Künste.

Mordachai hat zusammen mit Jamal eine berühmte Universität bei Jerusalem gegründet. Dort kann man alles studieren, was mit dem Menschen zu tun hat.

Jawaad ist zurück in seine Oase gefahren. Dort züchtet er Zuckermelonen und nebenbei hat er eine Eheberatungsstelle eröffnet. Als Gatte von 4 Ehefrauen kann er da viel Erfahrung einbringen. Allerdings hat er wenig Kundschaft, denn mehr als 300 Einwohner hat die Oase immer noch nicht. Der Matrose (der mit den zwei Ehefrauen) kommt immer mal wieder vorbei. Über das, was die beiden dann besprechen, wollen wir aber sittsam den Mantel der Diskretion legen.

Gabriel hat eine psychologische Praxis aufgemacht. Dort hilft er mit seinem Talent, die Wahrheit zu erkennen, den Menschen zu sich selbst zu finden. Was ja oft genug der schwierigste Weg ist. Nebenbei gibt er Unterricht in alten Sprachen. Seine Schüler sind aber oft verzweifelt. Gabriel kennt keine Grammatik-Regeln, er kann nur sagen, wie es richtig klingt.

Schnuggenagg ist wie seine Vorfahren schon seit 1.000 Jahren vor ihm mit seinem Zirkus in der ganzen Welt unterwegs. Er hat allerdings vom Traktor vollständig auf tierischen Betrieb umgestellt, d. h. alles wird mit Elefanten, Kamelen und Pferden gezogen und getragen. Der Elefantenbulle, der Sheherazade getragen hat, scheint dabei manchmal mehr Chef zu sein als Schnuggenagg. Aber das verraten wir ihm besser nicht.

Victor hat von Mechaniker auf Tierarzt umgeschult. Er meinte, im Prinzip sei das auch nur ein bisschen Mechanik.

Die persische Familie in der kleinen Oase in Libyen hat ein italienisches Restaurant eröffnet. Dort soll es die beste Joghurt-Pizza geben, die man auf der ganzen Welt bekommen kann, und die Spaghetti-Kebabs sind auch nicht von schlechten Eltern. Da immer noch viele Pilger nach Jerusalem ziehen, um sich einen leeren Thron anzusehen, ist täglich viel zu tun. Und die persischen Männer, langsam auch in die Jahre gekommen, werden nicht müde, immer und immer wieder die Geschichte von den drei Weisen aus dem Abendland zu erzählen.

Das Kamerateam, also Sabrina, Georg und Michael, haben ein Musical geschrieben. Es heißt „Die Reise nach

Jerusalem". Was darin genau gespielt wird, verraten wird nicht, soll sich jeder selbst anschauen.

Für die Sanyusi kamen wir leider viel zu spät, die gibt es schon lange nicht mehr. Oder wenn doch, dann ganz geheim. Und da wollen wir hier nicht verraten, was sie gerade machen.

Der große Polizist, der an der französischen Grenze Sheherazade vor dem Innenminister gerettet hat, tanzt jetzt in einem Ballett. Das war sein Jugendtraum. Mit 2 Meter 10 und 140 kg ist das nicht ganz einfach, und die anderen Balletttänzer weigern sich inzwischen auch, ihn nach einem Sprung aufzufangen, aber er bemüht sich redlich.

Der Nikolaus ist wieder, wie früher, Fischer an der türkischen Küste geworden. Die nächsten paar hundert Jahre will er weder Geschenke einpacken noch rote Kleidung tragen.

Die Al-Murabutin haben ein Schiff ausgerüstet und haben sich damit nach Amerika auf den Weg gemacht. Von dort hörte man schon lange nichts mehr.

Karl-Wilhelm, wie könnte es anders sein, fährt Bus. Aber niemals die gleiche Strecke. Er ist also auf der ganzen Welt unterwegs. Das letzte Mal wurde er in der Mongolei gesehen, als er 5 Mongolen und 13 Yaks in die nächste Stadt brachte.

Die Diktatoren a. D., die jetzt alle in der Schweiz sind, weigern sich standhaft, das kleine Alpenland zu verlassen. Ihre Vermögen, die sie dort gehortet haben, sind nichts mehr wert und so sind sie fast alle in der Landwirtschaft tätig. Auf das letzte Angebot der restlichen Welt hin, man wolle mit ihnen reden und man würde schon keinem den Kopf abreißen, bauten sie rings um die Schweiz, genau auf der Grenze, eine 10 Meter hohe Betonmauer. Seither ist der Kontakt ganz abgerissen.

Ähnlich scheint es im Vatikan zu sein. Hin und wieder hört man von draußen, wie sich der Papst und die ganz hartnäckigen Kardinäle streiten, aber sonst wollen sie nicht raus, und lassen auch keinen rein.

Als Zeichen ihrer Reue haben Gaddafi und seine letzten Getreuen eine Flotte von Ruder-Galeeren eingerichtet. Mit ihnen kann man kreuz und quer über das Mittelmeer reisen, die Mitfahrenden müssen nur für die Verpflegung der Ruderer aufkommen.

Und Maria und Sheherazade? Niemand weiß etwas über sie. Auch nicht der Geheimdienst von Gaddafi. So, wie sie auf einmal aus den Nebeln der Zeit zu uns kamen, sind sie auch wieder verschwunden. Vielleicht waren sie auch nur ein Wunschbild, wer weiß.

WILFRIED ROTTLER
THOMAS BIERLING

yeotone

SINNESWANDEL

KURZE KURZGESCHICHTEN • GEDACHTE GEDANKEN

„Die Texte dieses Buches (bis auf einen) entstanden im Zeitraum von Januar 2010 bis Mai 2011 im Rahmen unseres Blogs „Sinneswandel". Diese Information könnte bedeutsam sein, um den Sinn des einen oder anderen Beitrages zu verstehen. Wir haben uns entschlossen, diese Texte auch in der traditionellen Form des gedruckten Buches zu veröffentlichen, denn Bücher machen als Weihnachtsgeschenk einfach mehr Eindruck als nur ein Link. „Politisch, philosophisch, satirisch" – dieses Motto steht über unserem Blog. Man könnte auch sagen: „Was uns gerade eingefallen ist" im Spannungsfeld zwischen geostrategischer Weltpolitik und der gesammelten Absurdität des Alltags. Teils in der Form kurzer Kurzgeschichten, teils als laut gedachte Gedankengänge und immer unter der Prämisse, den eigenen Verstand möglichst unvoreingenommen auf die reale Lebenswelt anzuwenden. Wir hoffen, dass uns dies gelungen ist – Fortsetzung folgt unter www.yeotone.com/wordpress."

Wilfried Rottler und Thomas Bierling

Sinneswandel

Wilfried Rottler • Thomas Bierling

144 Seiten, Paperback

ISBN 978-3-9811526-4-7 / Best.-Nr. YT 11.002

...///..///.. www.yeotone.com //...../////....//../

Meinungsfreiheit zum Abtanzen

Grundgesetz – remixed

„Die 19 Grundrechte des Grundgesetzes bilden die Grundlage unseres Gemeinwesens. Es geht darum, diese Tatsache aus der spröden Hülle des Gesetzestextes zu befreien und in eine emotional erfahrbare Form zu bringen." So beschreibt die Jazz-Vokalistin und Choreografin Eva Weis ihre Motivation zu dem Projekt „Recht harmonisch", einer musikalisch-performativen Verarbeitung des Grundgesetzes, zu der sie die Idee lieferte.

Das künstlerische Konzept und die Komposition entwickelte der Karlsruher Komponist und Pianist Thomas Bierling, als die Stadt Karlsruhe im Rahmen ihrer Bewerbung zur europäischen Kulturhauptstadt 2010 ihre Künstler dazu aufrief, sich mit dem Thema „Recht und Gerechtigkeit" auseinanderzusetzen. Das Motto der Bewerbung lautet „Mit Recht." und betont den Wert des Rechts als Kulturgut. Der Saxophonist und Jazz-Preisträger Peter Lehel war von dem experimentellen Konzept ebenfalls begeistert. So entstand eine Komposition für Klavier, Saxophon und Stimme, die in 19 Sequenzen die Grundwerte unseres Gemeinwesens verarbeitet. Das Stück bewegt sich an der Grenze zwischen Neuer Musik und freier Improvisation und schließt auch performative Elemente mit ein.

Darf man das Grundgesetz der Bundesrepublik Deutschland als Rohmaterial für musikalische Experimente deklarieren und in Disco-taugliche Sound-Texturen übersetzen? Darf man so frei sein, es in eine Pop-CD umzustricken? M. Arfmann, der Produzent von Jan Delay und den Absoluten Beginnern, hat für das Label Yeotone sechs Artikel des Grundgesetzes durch sein Mischpult gejagt. Ausgangspunkt für seine Lounge- und Disco-Adaption des Diskriminierungsverbots, des Artikels 12a, der die Wehrpflicht definiert, und seiner vier weiteren Tracks, bildete die Jazz-Komposition „Recht harmonisch" des Trios Thomas Bierling, Peter Lehel und Eva Weis. Die vorliegende Doppel-CD enthält sowohl die Original- als auch die Remix-Fassung.

Dub'l G - Das Nähere regelt ein Bundesgesetz

Remixed by M. Arfmann

Doppel-CD mit der Originalaufnahme "Recht harmonisch – Das vertonte Grundgesetz" von Thomas Bierling, Eva Weis und Peter Lehel

EAN 4260116130022 / Best.-Nr. YT 07.001

....///..///.. www.yeotone.com //...../// ....//../

Anneliese Knoop-Graf

...weitertragen.

„Weitertragen, was wir begonnen haben“ – dieses Vermächtnis ihres Bruders hat Anneliese Knoop-Graf zu ihrer Lebensaufgabe gemacht und bis ins hohe Alter verfolgt.

Willi Graf (1918-1943) gehörte zum Kern der studentischen Widerstandsgruppe „Weiße Rose“. Nach der Verhaftung der Geschwister Scholl ist Anneliese Knoop-Graf am 18. Februar 1943 gemeinsam mit ihrem Bruder in München von der Gestapo inhaftiert worden. Willi Graf wurde von den Nazis ermordet, doch da sie über die Aktivitäten der "Weißen Rose" tatsächlich nicht informiert war, wurde sie wieder auf freien Fuß gesetzt.

„Weitertragen“ war der Auftrag Willi Grafs an seine Schwester, dem sie sich durch eine umfangreiche Publikations- und Vortragstätigkeit über die Geschichte des Widerstands gegen den Nationalsozialismus gestellt hat. Bis kurz vor ihrem Tod hat sie unermüdlich Schulen und andere Bildungsstätten besucht und in ungezählten Vorträgen Zeugnis gegeben über die Weiße Rose und ihre Mitglieder. Eine ihrer wichtigsten Botschaften an die Schülerinnen und Schüler war dabei stets: „Ihr müsst lernen, 'nein' zu sagen!“

Der hier vorliegende Mitschnitt belegt als wertvolles Zeitdokument auf eindrucksvolle Weise die Energie und Klarheit, mit der Anneliese Knoop-Graf bis ins höchste Alter Erinnerungsarbeit betrieben hat, mehr als jede schriftliche Niederlegung ihrer Gedanken es vermögen würde. Damit können auch künftige Generationen die Intensität ihrer Vorträge noch aus erster Hand erleben.

“...weitertragen.”

Anneliese Knoop-Graf

Live-Mitschnitt eines Vortrags am 2. Dezember 2006 in München
Vorwort von Peter Steinbach

ISBN 978-3-9811526-0-9 / Best.-Nr. YT 07.002